阿諾史瓦辛格改變命運、養成不敗意志的人生 7 律

有用之人

Be Useful : Seven Tools for Life

阿諾・史瓦辛格 Arnold Schwarzenegger ——著
蔡世偉 ——譯

suncolor
三采文化

目錄

CONTENTS

序言

我在二〇一一年卸任州長，幾個月之後，我的世界開始崩毀。倒也不是說之前的日子有多美好。二〇〇六年，我以百分之五十七的選票壓倒性連任州長，隨後通過啟發全球的環境政策，進行加州史上最龐大的基礎設施投資，足以在我離開後繼續對加州的司機、學生和農民有所助益。我在州議會大廈的最後兩年半，恰逢全球金融危機，我感覺自己像是受困於裝滿磚塊的烘乾機，一波又一波打擊，從四面八方衝著我來。

當金融危機在二〇〇八年來襲，情況就像是人們某天突然失去自己的房屋，隔天就陷入大蕭條以來最嚴重的經濟衰退。而這全都是因為一群貪婪的銀行家，把世界金融體系推向崩潰邊緣。加州原本還在慶祝預算盈餘的新紀錄，讓我們得以設立防範不時之需的基金，隔天就因為加州的預算與華爾街牽扯太深，而面臨兩百億美元的赤字，差點破產。我花了好幾個夜晚，跟國會兩黨領袖一起關在房間，試圖力挽狂瀾，共處的時間長到州政府官員感覺就像我們的家庭伴侶。

但人們不想聽這些。他們只知道，我們在削減服務的同時提高了稅收。你可以說州長無法控制全球金融災難，但事實是，州長在經濟成長的時候也獲得讚揚，縱使他與此關係甚微。所以，在經濟衰退時承擔責任也算公平，只是感覺不太好。

別誤會，我們不是沒打過勝仗。我們破除了讓政黨可以否決人民最大利益、把政治人物變無用的體系；我們擊敗對環保進展不利的石油公司，更積極向前邁進——讓太陽能及其他可再生能源遍布整個州，投入史無前例的資金，在乾淨能源方面引領全球。

但我在二〇〇〇年代末幾年領悟到，就算成功通過一些州政府史上最具突破性、最尖端的政策，當選民問你為什麼沒能讓他們保住家園，當家長問你為什麼要削減孩子的學校預算，當工人問你為什麼他們被解僱，你還是會覺得自己是個徹底的失敗者。

這顯然不是我唯一一次在大眾面前失敗的經歷。我在健美生涯中多次慘敗，我的電影有過不堪入目的票房成績，這也不是我第一次看著自己的支持率像道瓊工業平均指數般直直下墜。

但我離谷底還遠著呢。

而且，讓我的世界崩毀的，並非經濟蕭條。

是我自作自受。

我毀了我的家庭。這比任何失敗更令人難受。

我不會在此重新講述那個故事，我已經在其他地方講過，其他地方又多次轉述。你們都知道這個故事。如果不知道，你應該聽說過

Google，也很清楚如何找到這個故事。我的家人已經被我傷得夠深了，修復關係是一段漫長的路，我不會拿他們餵養八卦機器。

我只能說，到了那一年末，我發現自己處在一個既熟悉又陌生的境地。我跌落谷底。我以前也到過這裡，但這一次，我臉朝下，陷進泥巴，落入一個黑暗的洞穴。我必須決定是要清理自己，開始慢慢爬出來，還是乾脆放棄算了。

我離開州議會大廈以來一直在進行的電影計劃化為烏有。那個改編自我的人生，讓我超級興奮的卡通？再見了。媒體把我報廢了——我的故事將在三部曲之後結束：健美先生、演員、州長。每個人都喜歡悲劇收場的故事，尤其是英雄末路。

然而，倘若你讀過任何關於我的東西，你可能已經知道，我沒有放棄。事實上，我喜歡「爬出深淵」這項挑戰。正是掙扎的過程，讓後來成功的滋味嘗起來如此甘甜。

我的第四部曲，是前三部曲的集大成者。它們結合起來，讓我盡可能變成有用之人，還給了我意料之外的禮物。我繼續自己的健美和健身志業，每天向數百萬渴求知識的人們發送健身相關的電子郵件，在全球各地舉辦「阿諾體育節」（Arnold Sports Festival）。我的政策工作持續推行：透過「課後全明星」（After-School-All-Stars），我們為全美四十座城市裡的十萬個孩子提供服務；透過南加州大學的「史瓦辛格機構」（USC Schwarzenegger Institute），我們在美國各地宣導政治改革；透過「史瓦辛格氣候倡議」（Schwarzenegger Climate Initiative），我們把環保政策推向世界。我的演藝事業則為這一切提供資金。二〇二三年，我在拍了一部部電影之後走出好萊塢荒野，帶來一部電視影集。這對我來說是新的創意媒介，我非常享受在其中精進的過程。

我知道自己不會放棄這些事業，就像我那句招牌台詞「我會回來」（I'll be back.）。但我從未料想到，在這些失敗、救贖和重塑之後，我會成為一個勵志大師。

突然間，人們願意支付前總統等級的費用請我登台，對他們的客戶和員工發表勵志演講。有人把演講影片上傳到 YouTube 和其他社群媒體，結果到處瘋傳。接著，我自己的社群也開始成長。每當我用社群分享對於當前緊急事務的見解，或在混亂中提供平靜的聲音，這些影片就會以驚人的速度散播。

人們似乎真的因為向我學習而受惠，如同我早期經由閱讀，以及跟本書提到的許多偶像會面而受惠。於是我開始投身其中，在世界上傳播更多正能量。我說得越多，就越多人走進健身房告訴我，我幫助他們挺過黑暗。癌症倖存者、失業者、處於職涯過渡期的人……這些人是男人和女人、男孩和女孩、高中生和退休人士，富人、窮人，以及光譜中各種膚色、信仰和取向的人。

這真是太奇妙了，也很令人驚訝。我不確定為什麼會發生這種情況，所以，我採用我理解事物的一貫做法：先停下來分析情境。退一步觀察之後，我注意到世界上充斥太多負能量、悲觀、自怨自艾。我也注意到，很多人真的生不如死。儘管專家不斷告訴我們，現在是人類文明最美好的時刻，戰爭、疾病、貧困、壓迫都不曾像今日一樣少，還有眾多數據佐證，過多的負能量是客觀事實。

但還有另一組數據，更加主觀，更難衡量。當我們看新聞、聽廣播，或在手機上滑社群媒體，都可以看到它、聽到它。很多人說，他們覺得自己無關緊要、就像隱形，而且對未來沒有希望。年輕的女孩和女人說自己不夠好，不夠漂亮；年輕男人說自己沒有價值，沒有力量。自殺和藥物成癮率逐年上升。

尤其在新冠疫情影響之下，社會的每個層面幾乎都經歷了這些情緒大流行。自二〇二〇年以來，全球憂鬱症和焦慮症人口增加了百分之二十五。根據波士頓大學公共衛生學院於二〇二〇年九月發布的研究，封城幾個月之後，二〇二〇年春季美國成年人憂鬱症盛行率是二〇一八年的三倍。此前，百分之七十五的美國成年人回報沒有憂鬱症症狀，但到了二〇二〇年四月，這個比例降至百分之五十以下。情況可說是天壤之別！

然而，問題不限於新冠疫情。有一些團體——真要說的話，是完整的機構和產業——利用人們的痛苦，讓他們相信虛假資訊，讓他們變得更加憤怒，灌輸他們謊言，為他們的委屈火上加油，全都是為了獲取經濟和政治利益。這些團體讓人們持續痛苦和無助，讓人們看不見「有用」和「自立」這兩大心理工具。而這兩大工具，正是對抗憂鬱和無感的首要武器。

我認為，正是因為如此，全球好幾百萬人湧向我的 Podcast、Substack 以及電子報，尋找對他們而言行得通的答案。整體環境變得如此糟糕，以至於人們不得不尋求一個值得信賴的人，一個拒絕去玩唬爛遊戲的人，一個在所有人堅決消極的時候，全力保持積極的人。

他們就是我每天在健身房遇到的人。我感覺自己跟他們很親近，因為他們表達出我在二〇一一年卸任後、事態崩毀時感受到的許多相同情感。我也注意到，當我給予他們建議和鼓勵，當我試圖激勵、安撫並鼓舞他們，我使用的是一套我非常熟悉的工具組。

那是我在七十多年人生歷程中逐步開發，也是我在生命前三部曲的旅程中，曾經成功運用的工具組。我在十幾年前身陷低谷，決心爬出困境時取用的，也正是這套工具。它們不具革命性，真要套用個形容詞的話，它們是歷久彌新的。這些工具一直以來都很有用，將來也會有所助益。我把它們看作是幸福、成功和有用人生的藍圖或地圖——無論這對你來說意指什麼。

這套工具將協助你理清自己想要去哪裡，以及如何抵達目的地。

同時，你要有下苦心的意願，還要有能力向你關心的人傳達，你希望帶他們踏上的旅程，是值得付出努力的。這套工具組會提供你在旅程遭遇阻礙時換檔的能力，以及保持開放胸襟的能力，能從周圍環境學習，藉此另闢蹊徑。最重要的是，一旦抵達目的地，這套工具組要求你去認同自己一路以來獲得的所有幫助，並給予相應的回饋。

本書原書名定為《Be Useful》（做個有用之人），因為這是我父親曾經給過我最好的建言。它一直留在我的腦海，不曾離開。我希望接下來在書頁中提供的建議，也能產生相同效果。做個有用之人，是我所有決策背後的動力，以及我用來組織這些決策工具的力量。成為健美冠軍，成為身價百萬的主演，成為公職人員——這些是我的目標，但不是激勵我的動力。

有很多年，父親不同意我的「有用」版本，而我可能也不會同意你的版本。但好的建議，並不是為了統一一個「有用」的版本。重點並非告訴你要建造什麼，而是向你展示如何建造，以及為什麼建造。我父親過世的年紀，正是我將自己的世界弄得一團糟的年紀。我沒有機會問他該怎麼辦，但我很清楚他會怎麼回答：「做個有用的人吧，阿諾。」

我寫這本書，是為了表彰那些話語，傳承父親的建言。我寫這本書，是為了感謝我所擁有，而父親未能擁有的歲月；我利用這些時間來彌補過錯，從谷底爬升，構築人生的第四部曲。我寫這本書，是因為我相信，任何人都可以獲益於我在人生每個階段所使用的工具，任何人都需要可靠的路線圖，引導我們前往一直以來嚮往的生活。

最重要的是，我寫這本書，是因為每個人都需要做個有用之人。

RULE

1

所有美好及改變，
都始於明確的願景

我們之中有太多人迷失了。

有太多很好的人不知道該拿人生怎麼辦。他們不健康。他們不快樂。七成的人痛恨自己的工作。他們的人際關係無法帶來滿足。他們不微笑。他們連笑都不笑。他們沒有活力。他們覺得自己沒用。他們感到無助，彷彿生活逼他們走上一條哪裡都到不了的路。

如果你知道這些人身上有什麼跡象，會發現到處都能看到他們，甚至會在鏡子裡看到。沒關係，你沒有壞掉，他們也沒有。若是沒有明確的人生願景，只是接受任何自己能得的，或自認應得的，事態必然淪為如此。

我們可以修復這一切。因為任何美好的事物以及所有偉大的改變，都始於明確的願景。

願景是最重要的。願景是目的和意義。擁有明確的願景，代表你對人生有一幅清晰的圖像，以及抵達目標的計劃。那些迷惘的人兩者皆無；沒有圖像，也沒有計劃。他們站在鏡子前，納悶：「我究竟是怎麼落到這種地步？」卻無從得知。他們做了那麼多決定，採取那麼多行動，最終被帶到當下的處境，卻對那些決定和行動毫無頭緒。他們甚至會跟你爭論：「我明明討厭這樣，當初怎麼可能這樣選擇？」

問題是，沒人強迫他們戴上那枚戒指，沒人把第二個漢堡放到他們手上，沒人逼他們接下那份前途黯淡的工作，沒有人叫他們蹺課，錯過健身，或停止上教堂。沒人命令他們每晚熬夜打電動，而非獲得八小時充足睡眠。沒人要他們喝下最後一杯啤酒，或花掉最後一分錢。

然而，這些人完全相信自己的說辭。我相信他們相信。他們感覺生活就只是發生在他們身上，真心認為自己對生活無權置喙。

而且，你知道嗎？他們某種程度上是對的。

沒有人能夠選擇出生的地方。冷戰之初，我在奧地利的一個小村莊長大。我有一對嚴父慈母，父親有時還會體罰，但我非常愛他。情況很複雜。我相信你的故事也很複雜，你的成長過程肯定比其他人所想的艱困許多。我們無法改變這些故事，但可以選擇從這些故事走向何方。

至今發生在我們身上的一切，無論好壞，都有原因和解釋。但多數情況下，都不是因為我們沒有選擇。我們總是有選擇。我們沒有的是可以用來衡量選擇的東西，除非我們自己去創造它。

這就是明確的願景所能帶給你的：解析一個決定對你是好是壞，端視那個決定讓你距離想要的生活更近還是更遠。腦海中理想未來的畫面，因為你即將要做的事情變得更模糊還是更清晰？

世界上最快樂、最成功的人，會盡全力避免讓事態變混亂、讓他們遠離目標的壞決定。他們專心做出能夠使願景變明晰，而且讓自己更接近圓夢的好決定。無論他們考慮的事情是大是小，決策過程總是相同。

他們和我們之間，我和你們之間，任何兩個人之間，僅有的區別在於未來願景的清晰程度、實現計劃的力量，以及是否接受一個事實：將願景化為現實的決定就掌握在自己手上，而且只在自己手上。

所以，要怎麼做呢？如何從零開始，創造清晰的願景？我認為有兩種方法。可以從小處著眼，逐漸擴展，直到巨大而清晰的畫面浮現。或者，可以從很寬泛的角度開始，然後像相機的鏡頭一般，拉近放大，直到聚焦於清晰的畫面。而這就是我的做法。

始於寬泛，聚焦放大

我對人生的最初願景非常寬泛，就只是跟美國有關的一切，沒有比這個更具體的了。當年我才十歲，剛開始在家鄉東邊的大城格拉茨上學。那些日子裡，似乎無論走到哪，都能看到美國令人驚奇之處，在學校課程裡，在雜誌封面上，在電影院正片放映前的新聞影片中。

我看到金門大橋的照片，還有大尾翼的凱迪拉克駛過六車道高速公路。我看了好萊塢製作的電影，看了搖滾巨星登上紐約錄製的脫口秀。我看到克萊斯勒大樓和帝國大廈；相比之下，奧地利最高的建築看起來就像工具棚。我看到兩旁種滿棕櫚樹的街道，還有肌肉海灘上的美女。

美國就如同立體聲環繞播放，一切都是如此宏大而明亮。對於像我這樣易受影響的孩子來說，這些畫面就像夢想的威而鋼。它們也應該要跟威而鋼一樣附帶警語，因為我那被激發的美國生活願景，持續四小時都不會消退。

我知道：我屬於那個地方。

去美國做什麼？我毫無頭緒。如我所說，那是一個寬泛的願景，畫面非常模糊。我還年輕，我懂什麼？然而，我學到的是，某些最強大的願景，就是這樣產生的；從年少時的痴迷中誕生，在這些痴迷尚未受他人評判影響之前。談及對自己的生活不滿意時應該怎麼做，著名的大浪衝浪運動員嘉瑞特．麥克納馬拉（Garrett McNamara）曾表示，你應該「回到三歲的時候，找出自己愛做什麼，想出如何讓那成為現實生活，擬定路線圖，然後按圖索驥。」他描述的是創造願景的過程，我認為這番話完全正確。這件事顯然並不像說的那麼簡單，但的確很單純。你可以從回顧開始，廣泛思索以前喜愛的事物。只要一開始就留心於此，你的痴迷將成為最初願景的線索。

以老虎伍茲（Tiger Woods）這樣的人為例，他兩歲就在《邁克．道格拉斯秀》（*The Mike Douglas Show*）展示推桿技巧。還有威廉斯姊妹。很多人不知道，她們的父親理查在五個孩子年幼時都讓他們接觸網球，五個人都有天賦，但只有維納斯和塞雷娜對這項運動表現出激情、痴迷。於是，網球成為兩姊妹成長與自我認知的框架。

對史蒂芬・史匹柏（Steven Spielberg）來說也是一樣。兒時的他並非狂熱的電影迷，他喜歡電視，然後，有一年，他父親在父親節買了一台小型的八毫米家用攝影機，準備用來記錄一家人的公路旅行。史蒂芬開始把玩那台機器。大約在我剛開始認識美國的年紀，史蒂芬發現了電影拍攝。他在十二歲拍了自己的第一部電影，十三歲又為童軍拍了一部電影，贏得攝影專科徽章。他甚至帶著攝影機參加童軍旅行。對於剛剛跟隨家人從紐澤西搬到亞利桑那的史蒂芬來說，製作電影給了他人生的第一個方向。

不是移居好萊塢，不是贏得奧斯卡最佳電影或最佳導演獎，不是致富或成名，也不是與光鮮亮麗的電影明星共事——這些比較具體的抱負，都會在後來實現——起初，他的願景就只是拍電影。如同老虎伍茲（高爾夫）、維納斯和塞雷娜（網球）以及我（美國），我們最初擁有的，都是一個寬泛的願景。

這很正常。對大多數人來說，這是必要的。任何細節都會太快變得太複雜，讓你操之過急，然後你會開始錯過路線圖上的重要步驟。寬泛的願景給你更簡單易懂的起點，讓你知道要在何處拉近鏡頭。

這不代表你要把願景變窄，只是變得具體，讓畫面變得更清晰。就像在制定旅行計劃時，放大世界地圖一樣。世界由大陸組成，大陸裡是國家，國家裡是州或省，州或省裡是縣，縣裡是城和鎮……事實上，你可以一直延伸。城鎮裡有街區，街區由街道劃分。如果你是一個觀光客，只想看看世界，你可以從一個國家跳到另一個國家，或從一座城市跳到另一座城市，沒有關係。然而，如果你真的想了解一個地方，從中獲得最深入的體驗，甚至有朝一日在那裡定居，你最好上街遊走，與當地人交談，探索每條小巷，學習風俗習慣，嘗試新的事物。這就是你試圖打造的旅遊計劃——或者，為了實現願景而建立的計劃——真正開始成形的時候。

第一個清晰的未來圖景顯現之後，我的計劃圍繞著健美成形。還是青少年的我在喬．韋德（Joe Weider）的健美雜誌封面上看到現任環球先生，偉大的雷格．帕克（Reg Park）。那年夏天，他在電影《大力士和女俘》（*Hercules and the Captive Women*）中扮演海克力士。雜誌文章敘述雷格這個出身工人階級小鎮的貧窮小孩如何發現健美，然後在贏得環球先生大賽後，轉而從事演藝事業。我當下醒悟：這就是我通往美國的道路。

對你來說，這條路會不一樣，目的地也會不一樣。也許涉及職涯選擇和環境變化，也許涉及一個嗜好，而你想要把這個嗜好變成生活重心；也許涉及一份理想，而你想把這份理想變成人生使命。只要能讓你的願景更加清晰，並讓你需要採取的步驟更加明確，就沒有錯誤的答案。

然而，這對人們來說可能很困難，即便是那些擁有寬泛願景的人。舉例來說，上健身房的時候，我有時會看到某個人在裡面晃蕩，像乒乓球一樣隨機從一台機器跳到另一台機器，顯然根本沒有訓練計劃。我會走近這個人，跟他交談。我這樣做過很多次，每次情況都大同小異。

我問：「你上健身房是為了什麼？」他們通常會回答：「為了維持體態。」

我會接著說：「對，很好，非常棒。但為了什麼而維持體態？」這個問題很重要，因為不是所有形式的「體態」都是一樣的。維持健美選手的體態並不能幫助你攀岩，真要說的話，還可能對你不利，因為你需要背負額外的肌肉。同理，維持長跑選手的體態並不能幫助一個摔角手，因為摔角需要粗暴的力量與爆發性的速度。

他們會停頓，然後支支吾吾尋找一個他們認為我想聽到的答案。但我保持沉默，不放過他們。最終，多數人會給我一個誠實的回答。

「醫生叫我減重二十磅，然後控制血壓。」

「我只是想在海灘上養眼一點。」

「我有小孩，我希望自己能跟他們追趕跑跳，打打鬧鬧。」

無論立意為何，這些答案都很棒。我可以針對每一個答案制定訓練計劃。像這樣縮小範圍，給了他們的願景一個方向，幫助他們專注於最有助於實現目標的訓練。

健美運動的重點在於聚焦；不只專注於身為健美選手所要實現的具體目標，還要專注於在健身房內，為達標而必須採取的步驟。一九六八年秋天，年僅二十一歲的我來到美國，在威尼斯海灘的金牌健身中心接受偉大的喬·韋德指導。當時的我已經贏過許多比賽，包括那一年初在我的職業首秀贏得「環球先生」稱號。這些頭銜只是路途上的幾步，讓我足以得到喬·韋德的關注，最終引領我到達美國。但它們並不是最後的幾步。喬沒有因為我已經成為冠軍而資助我前來美國；他投資我，是因為他認為我可以不只是一個冠軍。從健美運動的標準來看，我仍然非常年輕，而且我擁有不可思議的努力意志，以及成就偉大的瘋狂欲望。喬在我身上看見這些特質，認為我真的有機會成為世界上、甚至是有史以來最偉大的健美選手。他將幫助我進一步聚焦，真正搞懂成為最偉大的健美選手需要付出的代價。

身為「環球先生」的我來到美國，而工作才正要開始。

創造時間與空間

當然，不是每個人都像我一樣，十五歲就開始對未來的人生抱有想法。我很幸運。我成長的小村莊連柏油路都沒有，房子裡沒有自來水和室內管線，我唯一擁有的，就是做白日夢的時間和空間，得以放任想像力馳騁。我是一張白紙，任何事物都能讓我留下印象。

看見各種美國的照片。在公園跟朋友們扮演神鬼戰士。在學校讀一篇關於打破世界紀錄的舉重選手的報導。得知朋友認識「奧地利先生」克特・馬努爾（Kurt Marnul），而他健身的地點就在格拉茨。看了《大力士和女俘》，並得知海克力士是「環球先生」，而且在他之前飾演海克力士的演員史蒂夫・李維斯（Steve Reeves）也是「環球先生」。然後偶然發現喬・韋德的健美雜誌，看到封面上的雷格，知道他跟我一樣出身工人階級小鎮。

這些都成了啟迪時刻，烙印在我的腦海，結合創造出我最初的願景，然後進一步讓這幅願景愈加清晰，為往後二十年提供了具體的努力目標。

對很多人而言，找到這樣的願景是一個長期的探索過程，需要耗費數年，甚至數十年。有些人甚至永遠找不到。他們沒有帶著願景過活，沒有足以在成年後形成願景的童年痴迷。這些人所承載的回憶和可能，受數位裝置引發的分心排擠，被讓人感到無助的一切抹去，彷彿生活就只是發生在他們身上而已。

這很悲慘，但不表示呆坐原地、無所作為就可以讓人接受，扮演受害者也是。只有自己能為自己創造想要的生活，沒有人能代勞。無論出於什麼原因，如果你還不知道那種生活的樣子，也沒有關係。我們現在到達了這裡，重要的是你從此做出的選擇。現在，你應該做兩件事。

首先，為自己設定一些小目標。暫時不要擔心廣大而寬泛的事，專心為每一天取得進步與成就。可以是健身相關的目標、營養相關的目標，也可以涉及社交、閱讀或家務。開始做一些你喜歡做的事情，或者會讓你在完成後感到自豪的事。每天都做這些事情，並在其中設定一些小目標，然後觀察這樣做會如何改變你的注意力。突然間，你會發現自己開始以不同的方式看待事物。

一旦在這些每日小目標上建立節奏，你就可以接著制定每週目標，然後是每月目標。不要從寬泛的範圍縮小視野，而是從這樣的小起點去構築你的生活，讓願景由此展開。展開的過程中，無用的感覺會開始鬆手，於是你可以邁出第二步：把電子設備放下，在生活中創造出時間和空間。不論起初多麼微小或短暫，讓靈感找到進駐生命的路，讓發現的過程自然發生。

我知道做起來沒有聽起來容易。隨著年歲增長，生活愈加擁塞雜亂，很難找到時間和空間，很難不感覺到你正在拋下某些更大的責任，尤其現在還有了這些每日、每週和每月追求的目標。萬事起頭難，但你知道什麼更難嗎？過自己討厭的生活，那才是真的難。相比之下，這就像在公園散步一樣簡單。

說到散步，其實你真的可以善用散步。歷史上許多偉大的思想家、領袖、科學家、藝術家和企業家，都是透過散步獲得改變世界的靈感。

貝多芬散步時隨身攜帶空白樂譜和鉛筆，浪漫主義詩人威廉·華茲華斯（William Wordsworth）在住處湖邊散步時寫作。像亞里斯多德那樣的古希臘哲學家會帶學生走很長的路，一邊講課，一邊整理自己的哲思。兩千年後，哲學家弗里德里希·尼采說：「唯有透過散步獲得的思想才有價值。」愛因斯坦在普林斯頓大學校園裡散步的同時，完善了關於宇宙的諸多理論。作家亨利·大衛·梭羅（Henry David Thoreau）說：「當我的雙腿開始移動，我的思想也開始流動。」

這些人傑看見了在日常生活中創造時間和空間來散步的力量。然而，不是只有天才跟神童可以讓散步「有用」，進而帶來改變。許多證據顯示，無論對象是誰，散步這個行為都能夠增加創造力、激發新想法，並改變人們的生活。史丹佛大學的研究人員在二〇一四年進行一項研究，受測者被要求在完成一系列創意任務的同時散步，最後證實散步能夠增加所有人的創意思維。個人見證更是不勝枚舉。只要在Google 上搜尋「散步」和「改變」這樣的詞，你會看到大量以類似「散步如何改變我的人生」為題的文章。這些文章出自各式各樣的人，男性和女性、年輕人和老年人、身材健美和身形走樣的、學生和專業人士、美國人、印度人、非洲人、歐洲人、亞洲人……你想得到的都有。

散步幫助他們改變日常慣例和習慣，找到棘手問題的解方，處理創傷，並做出重大人生決策。對於一個名叫喬諾·力寧（Jono Lineen）的澳洲人來說，散步實現了上述所有功效。三十歲的時候，他決定獨自一人走完將近一千七百英里的西喜馬拉雅山脈。這是他給自己的一項試煉。

接連幾個月，他每日步行高達二十五英里，除了自己的思緒和壯麗的喜馬拉雅山脈，他一無所有。兩者都讓他無從迴避。最終，他有了突破。原來，這趟壯遊的重點不是試煉，而是療癒。他在二〇二一年的一篇文章中寫道：「我漸漸了解自己在山上所做的，其實是接納弟弟過世的事實。」他在弟弟離開的這些年備受煎熬，陷入傷痛的深淵，而走過喜馬拉雅山脈這份單純而艱辛的旅程讓他思路清晰，終於得以從中解脫。

幾年後，喬諾又有了改變人生的經歷。這一次是步行五百英里的聖雅各之路（Camino de Santiago de Compostela），也就是橫越西班牙北部的著名天主教朝聖之路。他說：「我被倫敦一份壓力山大的工作困住，需要喘口氣。」在這條路線走了將近三週，穿越田野和小鎮，上了山下了谷之後，他決定辭掉工作。「這個改變讓我的生活轉朝一個全新的美好方向。我很感謝走路幫我實現這件事。」

喬諾的經歷並非獨一無二。每年有超過三十萬來自世界各地的人走過聖雅各之路，其中只有不到三分之一完全出於宗教因素。大多數人有別的理由，可能類似喬諾的原因，也可能是像你的原因。他們尋找靈感，試圖做出某種改變，而沒有什麼辦法比走路更好了。

多年來，我把健身房當作思考的地方。滑雪時，我會把十到十五分鐘的纜車車程，當作讓思緒漫遊的神聖空間。騎自行車也是一樣。在自行車上，沒有人會打擾你，你可以自由放任思緒遊蕩。最近，我每天晚上在按摩浴缸泡澡，藉此為靈感創造空間。熱水和蒸汽彷彿有一種魔力，水柱和泡泡的聲音也是。漂浮的感覺、不用承受自己身體重量的感覺，提高所有感官的敏銳度，使我感受到周遭的一切。在按摩浴缸泡澡提供了二十到三十分鐘的清晰思路，我在這之間做了某些很棒的思考。例如，我坐在按摩浴缸裡構思了二〇二一年一月六日的事件後，要向美國人民發表的演說。

跟多數人一樣，我在電視上看見美國國會大廈的暴亂，然後透過社群媒體深入了解這個事件。跟多數人一樣，我經歷了一系列的情緒，不敢置信、挫折、困惑、憤怒，最後，是悲傷。我為我們的國家感到悲傷，因為那是黑暗的一天。我也為那些被攝影機拍到的男女老少感到難過；當電視台轉播這個歷史時刻，也同時把他們憤怒、絕望、疏離的面容傳播到全世界。不管他們喜不喜歡，這將成為他們在世上留下的印記。這會是他們留給後世的東西。

那天晚上，當我坐在按摩浴缸裡，讓水柱放鬆我白天因壓力而緊繃的肩頸肌肉，我一直想到他們。我慢慢得出結論：我們那天看到的並非政治言論的行使，也不是湯瑪斯・傑佛遜（Thomas Jefferson）可能會說的，試圖用愛國者和暴君的鮮血來澆灌自由之樹……而是求助的呼喊。我想幫助他們。

從二〇〇三年起，這一直是我生活的重點。幫助他人，公共服務，運用名氣和政治職位帶來的力量，盡可能改變最多人的人生。這就是願景在我的人生電影第三部曲中，帶我走上的方向。

但這次不一樣，這次不只如此。我看著那些電視台轉播的影片，同時在推特和 Instagram 上閱讀身處現場的人們發布的動態——抗議者、員警、旁觀者、記者——我心想，如果他們可以透過社群媒體觸及我，那我也可以藉此觸及他們。

沒多久，一個影像在我腦海裡逐漸清晰。我看到自己坐在辦公桌後，手持電影《王者之劍》（*Conan the Barbarian*）裡的那把劍，用一段演說切開那些分裂人民的屁話，以從沒試過的方式運用我的平台。那個週日，我在 Instagram 動態發布一篇演講，希望跟受傷的人們直接交談。我可以幫助他們，也許他們可以因此痊癒。我講述自己的故事，談論美國的承諾。然後，我舉起「王者之劍」，正如我幾天前所想像的那樣。我對所有人說，只要我們願意，這把劍可以成為民主的隱喻。我解釋，在鑄劍的過程中，劍經歷的條件愈嚴酷——加熱、鍛打、冷卻、磨削，一遍又一遍——它就會變得愈強大、愈鋒利、愈有韌性。

我把那篇演講稱為〈僕人之心〉（A Servant's Heart），不僅因為這樣的特質能夠讓我們挺過這段黑暗時刻，也因為我感覺自己對這個國家有責任。從十歲或十一歲的時候開始，我就將美國視為世上首屈一指的國家，也是最偉大的民主國家。我擁有的一切，我做過的一切，以及我所成為的人，都是因為美國才有了可能。美國，是地球上唯一能讓我的願景變成現實的地方。如今，它受到威脅，而我想要懷抱僕人之心來保護它。「僕人之心」也描述了我正要開發的願景：運用自己的社群媒體影響力，以一種遠比以往更直接的方式，盡可能幫助全球的人。我在公共服務方面的願景歷經二十年的演變，帶我進入人生第四部曲。倘若找沒有養成習慣，每天為思考創造空間，讓靈感和新想法流動，也許這根本不會發生。

散步，上健身房，閱讀，騎自行車，泡澡，我不在乎你選擇怎麼做。如果你陷入困境、掙扎，努力為想要的生活找到一個明確的願景，那麼我在乎的是，你要為自己制定小目標，開始蓄積動能，並且每天都創造時間和空間去思考，去幻想，去四處看看，去活在當下，去讓靈感和想法湧現。如果你找不到自己在尋覓的東西，至少給它一個找到你的機會。

「看到」才能「做到」

當我說，我可以看到自己坐在家中辦公室的桌子後面，發表一月六日的演講，我是說真的。我能夠看見栩栩如生的影像，就像一部在腦海中播放的電影。我這輩子都是這樣，每一次為自己設定的重要願景皆是如此。

還是男孩的我能夠看見自己身在美國，我不知道我在那裡做什麼，但我就是在那裡。我能夠感受到皮膚上的熱帶豔陽和腳趾間的沙子，我能夠聞到海洋的氣味，聽到海浪的聲音，縱然我根本不曾在生活中體驗過這兩者。我們最接近海浪的經歷，是把大石頭扔進格拉茨郊區的一個人工湖，看著漣漪擴散。當我終於來到加州，竟發現先前所有印象都是錯的；有些比想像中好，有些比想像中壞（沙子很討厭）。但腦海中那些生動的印象，正是讓我來到加州的一大主因。

當我愛上健美運動，我懷抱的並不是成為冠軍的模糊願望，而是一個非常具體的願景，衍生自健美雜誌上像雷格．帕克這樣的人慶祝勝利的圖片。我能夠看到自己站在領獎台最高階，手持冠軍獎盃。我能夠看到其他選手站在下面的台階仰望我，嫉妒卻也敬畏。我能夠看見他們緊繃的笑容，甚至能看到他們短褲的顏色。我能夠看見評審們站起來鼓掌。我能夠看見觀眾群情激昂，高呼我的名字：「阿諾！阿諾！阿諾！」這不是幻想，這是一段尚未發生的記憶。我的感覺就是這樣。

作為一個演員，在得到第一個主演角色之前，我就能夠看見自己的名字被放在電影海報和劇院遮棚上，就像我曾在克林・伊斯威特（Clint Eastwood）、約翰・韋恩（John Wayne）、史恩・康納萊（Sean Connery）和查理士・布朗遜（Charles Bronson）的電影標題上看到的那樣，我非常喜歡。打從一開始，製片人和選角導演一直試圖說服我把名字縮短為阿諾・斯壯或其他類似的名字。他們說史瓦辛格這個名字太長了，唸起來很拗口。但他們不知道的是，我能夠清楚看見，大寫字母拼成的「史瓦辛格」出現在電影標題上方，看起來真他媽的棒。

政治也一樣。多年來，我一直有回饋社區的美好經歷。我與特殊奧林匹克運動員和邊緣青少年一起參與課後計劃。我很榮幸在一九九〇年被任命為體能與運動競技總統委員會（President's Council for Physical Fitness and Sports）主席，並在全美五十個州舉辦健身峰會，旨在讓我們的孩子更加健壯。我逐漸意識到自己可以產生巨大的影響，於是開始思索如何幫助更多人，包括從政這個選項。

競選公職的念頭已經醞釀一段時間，但我腦海中的景象仍然不清晰，畫面失焦模糊。我該競選國會議員嗎？還是成為超級慈善家？有些人提議競選洛杉磯市長，但哪個腦子沒問題的人會想要那份吃力不討好的工作？我看不見那個畫面。然後，在二〇〇三年，加州州長格雷・戴維斯（Gray Davis）面臨被加州選民罷免的處境。整個州一團混亂，輪番停電，稅收飆升，人民和企業都在出走。每週都有關於加州的壞消息，每週我都愈來愈憤怒，愈來愈希望罷免成真。當我得知這次罷免確定進行，腦中的畫面瞬間清晰。我看見自己坐在沙加緬度的州長辦公桌後，跟民主黨把持的議會成員開會，為人民做事，把加州拉回正軌。我要參選，而且我要贏。

我腦海中的畫面如此清晰，甚至可以裱框掛在牆上。這跟我在二〇二一年一月得到的願景驚人地相似。我可以看見辦公桌。我可以看見桌上放著什麼。我可以看見自己的穿著。我可以看見攝影機應該放在哪，燈光應該怎麼打。我可以看到並且感受到手中的「王者之劍」。我可以聽到自己的聲音在起伏間應對眼前的重大問題，提供解決方案。

繼續詳述之前，我知道這一切聽起來似乎是虛無縹緲的屁話，就像《祕密》以及那些被騙子推銷的吸引力法則書籍。不是那樣的。我的意思並非是光靠想像自己想要的東西，心願就會變成現實，完全不是。你必須計劃、努力、學習、失敗，然後再學習、再努力、再失敗更多次。這就是人生。遊戲規則就是如此。

我要傳達的是，如果你希望穩固願景，如果你希望成功的機會盡可能跟最初的設想一樣，那麼當你首次認知到自己想要過什麼樣的人生，就必須讓這幅願景清晰可見，把它刻在眼皮內側。

你必須真正「看見」。

頂尖運動員深諳此道，他們是願景視覺化大師。事實上，幾乎在每項最高水準的主要國際體育賽事，優秀運動員與偉大運動員之間的區別就在於願景的視覺化。奧運游泳選手麥可．菲爾普斯（Michael Phelps）十幾歲就因為能在訓練時，將間段時間視覺化至十分之一秒，並且一趟又一趟達成目標而聞名。每次擊球前，澳洲高爾夫球選手傑生．戴伊（Jason Day）都會走到球後面，閉上眼睛，把擊球過程視覺化。從準備動作開始，到後擺，到擊中球的瞬間，想像球落到他瞄準的位置。好幾個奪下世界冠軍的賽季之中，德國一級方程式賽車選手塞巴斯蒂安．維特爾（Sebastian Vettel）會於排位賽前坐在賽車裡，閉上眼睛，把每次過彎、每次換檔、每次加速和煞車視覺化。

幾乎每個一級方程式賽車手都能閉上眼睛，像握住方向盤般伸出雙手，帶你完成他們每個賽季都要跑的賽道。

他們之所以進行視覺化，是因為要把他們所做的事情達到高水準極為困難。即便只是躋身菁英隊伍並保有競爭力，就需要難以想像的努力、技能和訓練。如果你想贏，需要的就不僅僅是能力和欲望。你不能光憑希望就走進勝者的圈子，你必須看見通往那裡的道路。仔細觀察多數偉大的綜合格鬥選手，在一場三輪或五輪的實戰訓練後，他們會站起來，高舉雙臂繞賽場一圈，彷彿贏了一場比賽。他們正在把下一場比賽的結果視覺化。正如體育心理學家唐．麥克弗森（Don Macpherson）所說：「能夠『看到』，就能『做到』。」你必須在著手之前看見自己想要實現的目標，不能在做的同時才看見。這正是差異所在。

知道成功是什麼樣子很重要，但同樣重要的是，知道成功「不是」什麼樣子。這個世界上，有太多事情會讓你妥協，給你一個盜版的目標，只要腦袋裡的畫面稍有模糊，這終究會讓你偏離軌道。知道什麼是成功，什麼不是成功，將為你的願景帶來完美的清晰度。而且我發現，平靜會伴隨這份清晰而至，因為幾乎每個問題都變得更容易回答。

一九七四年，在我連續五次贏得奧林匹亞先生之後，我接到健身界先驅傑克．拉蘭恩（Jack LaLanne）的電話。傑克發明了許多健身器材，也開創健身俱樂部的概念。當時他大約擁有兩百家健身俱樂部，而他想要找我當代言人。我將成為某種健身大使，進行巡迴推廣和廣告活動。他們提出的報酬是每年二十萬美金，這在一九七四年是很大一筆錢，到了現在仍是為數不小。那時，世界上最出色的健美選手一年頂多賺五萬美元。這個提議棒極了，但我毫不猶豫地拒絕。

成為健康俱樂部企業的全國代言人不符合我的願景。我並不是認為這會讓我難堪或者有失身分——對於任何關注健身的人來說，傑克．拉蘭恩都是一位英雄——問題是，接受他的提議會妨礙我拍電影，而電影正是我在健美生涯的這個時刻所看見的願景。理解這一點，拒絕就不難。對於拒絕那筆錢以及隨之而來的不同名聲，我感到很自在。我心如止水，知道自己剛剛拋棄一個了不得的機會，卻也躲掉一個巨大的分心危機。

如果你無法完全看清自己的願景，無法想像成敗的情景，評估這樣的機會和挑戰就會變得非常困難。幾乎不可能確知它們能否帶來你想要的東西，或者某種近似的東西，如果「近似」對你而言已經夠好的話。腦海中的清晰畫面將幫助你弄明白，眼前要做的事情、面臨的選擇，差別是像點可口可樂卻拿到百事可樂，還是像打算在夏威夷度過夢幻假期，結果卻降落在關島。兩者都是太平洋的島嶼，都有宜人的天氣，都用美元，但只有一個擁有四季酒店。

體育就沒那麼寬容了。滿足於接近目標，或者大致達標，結果就是勝敗之別。沒有人從事體育不是為了贏。那麼，你怎麼會終其一生不去追求自己真正想要的？人生不是彩排，不是訓練，也不是實習，而是真槍實彈。這是你唯一擁有的。所以，去看到……然後去做到。

不要害怕照鏡子

你在鏡子裡看到什麼？一個贏家還是輸家？一個快樂的人還是悲慘的人？一個有遠見的人還是迷惘的人？問一題更簡單的：你的眼睛是什麼顏色？別跟我說藍色、棕色或者其他顏色，那些只是駕照上的敷衍答案。眼睛真正的顏色是什麼？

沒那麼簡單，對吧？

對很多人來說，這些問題很難回答。多數人討厭照鏡子，而且，當他們照鏡子的時候，幾乎從來不看自己的眼睛。那太讓人不自在了。太可怕了。因為鏡子裡出現的往往是一個陌生人，全然不同於人們閉上眼睛想像的那個人、內心渴望成為的那個人。

儘管這可能會讓人不自在，你每天都必須照鏡子，才能了解自己當下的境地。想要確保自己朝著正確的方向前進，就必須檢視自己。你必須確保，鏡子裡的那個人與閉上眼睛時看到的、你試圖成為的那個人一樣。你需要知道，你的願景是否與你選擇的現實一致。

你必須這麼做，才能避免變得迷惘而無用。你非這樣做不可，也是為了避免變成一個壞人。根據我的經驗，健身界、好萊塢和政壇充滿了不起的人，我遇過很多。這些領域也充滿討厭鬼、混蛋和人渣，我也遇過很多，他們一個比一個惡劣。你以為健身房老闆沒誠信又小氣，等你遇到很有錢卻沒品味的電影公司主管，或者以為全世界都繞著他轉的政客，只因為州裡某個小地方有四萬人投他一票，你就知道健身房老闆只是小巫見大巫。在這些領域噁心的部分裡打滾，就像試圖在裝滿大便和髮膠的俄羅斯娃娃裡移動。重點是，倘若你對自己的信心不夠堅定，不夠確定自己想要成就什麼，就很容易被吞噬。

好人和壞人之間的區別簡單明瞭：自我意識和明確願景。好人清楚知道自己試圖實現什麼，懂得拿願景來權衡選擇，而且對此非常自律。他們定期自我審視，隨著自己變化，願景也在改變。願景跟他們一起成長和進化。好人不害怕照鏡子。

至於壞人，他們避鏡子唯恐不急。其中許多人在很久以前就放棄了願景，結果最膚淺、最自我中心的版本抓住他們，還載了他們一程。他們從未努力釐清自己的目標，或者聚焦觀察成功之後的世界實際可能的樣貌。他們從不覺得需要這麼做。他們投身金融，只因為想要致富。他們進軍好萊塢，只因為想要成名。他們涉足政治，只因為想要掌權。他們的願景沒有更深更遠的面向，因為最初階、最寬泛的版本對他們來說就夠好了。他們一開始就在唯一關注的層面上取得成功，所以，如果沒壞，幹嘛要修？就算周圍的每個人都無法受惠，那又怎樣？

我整個成年生活都在鏡中審視自己。過去二十年，作為公僕和慈善家，鏡子以選票、民意調查、統計資料等形式呈現。身為加州州長，身為體能與運動競技總統委員會主席，身為氣候行動主義者，免不了要跟數字打交道。人們會用言語、選票和行動讓你知道，他們對你以及你的想法有何反應。他們會讓你知道他們是否相信你，或是否對你有信心。當數據出來，指針移動，你很快就會知道自己的願景是現實還是空想。

此前的二十年，我在好萊塢打滾，鏡子是攝影機跟電影銀幕。當五百個觀眾坐在黑暗中，觀看銀幕上高達三十呎的我，無論我原先對劇中角色有何願景，相比之下都顯得失色。相機不會撒謊，以高解析度、全焦距、每秒二十四幀的速度拍攝。我在《魔鬼終結者》中只有二十一分鐘的戲分，但那代表有超過三萬張清晰畫面被永久捕捉。我想在那些場景中呈現的，只有在觀眾看到同樣的畫面時才有意義。只有在那個時候，我才算得上成功。只有在那個時候，我才能說自己在那部電影裡，實現了身為演員的願景。

在更之前的二十年，我是健美選手，而鏡子就是鏡子。我每天都照鏡子，長達好幾個小時。那是工作的一部分，鏡子是不可或缺的工具。不在鏡子前看著自己運動，就無法知道動作是否正確。不在鏡子前繃緊肌肉，就無法知道肌肉量夠不夠充足，線條夠不夠清楚。不在鏡子前逐一展演，就無法知道自己是否掌握所有指定姿勢。

在《史瓦辛格健美之路》（*Pumping Iron*）的開場，法蘭柯・哥倫布（Franco Columbu）和我在紐約市一間芭蕾舞教室，向一位芭蕾舞老師學習。我們努力改進自己的姿勢。她讓我們做各種不同的動作，調整我們的姿態和視線，讓動作間的過渡更為流暢、更賞心悅目。跟我們合作期間，她提出一個絕妙的觀點，要我們注意姿勢之間的轉換。健美舞台上，評審不僅在你完全緊繃、肌肉處於最佳狀態的關鍵時觀察。她說：「你們必須明白，人們無時無刻不在觀察你。」她說得太對了！靜態的姿勢可能會出現在雜誌上，可能是不在場的人們對你的認識。但對於在場的人，那些真正重要的人，將會觀察並評價你的一舉一動，以及你在這些關鍵時刻之間的過渡。

這是一個完美的隱喻。生活不是只有高潮或重大時刻。生活不只是人們銘記在心，或是記錄在相簿裡的時刻。生活也發生在這些時刻之間。生活既發生在姿勢中，也發生在過渡中。生活就是一場長時間的表演，你希望這場表演產生的影響愈巨大，每個那樣的微小瞬間就愈形重要。

由於拍攝角度，你在《史瓦辛格健美之路》開頭場景看不到的是，教室的另外兩面牆全是鏡子。如同健美選手，舞者也深明此理。仔細看著自己工作，否則就無法成長。不以腦中與心中的理想去衡量自己的努力，就無法變得更好。要拿出一生最精彩的表演，要實現任何一種願景，無論多麼瘋狂或不可能，你都必須看到世界看著你試圖實現時的樣子。這不代表你要服膺世界的期望，而是不要害怕站在鏡子前，直視自己的雙眼，然後真正「看見」。

RULE
2
野心愈大，
愈有機會站得高

到了一九八七年年底，我已經殺死兩百八十三人，遠比當年好萊塢任何演員都多。總共拍了八部電影才達成這個數字，但我做到了，這很有代表性。

這代表我是動作電影巨星，名字出現在許多電影標題的上方，正如我原先設想的那樣，以巨大的大寫字母呈現：

史瓦辛格

我成功了。每個人都這麼說，記者、製片人、經紀人、朋友們。他們的說法好似工作已經完成了，好像我已經沒有什麼可以證明了。他們會問：「所以，阿諾的下一步是什麼？」聽起來對我的成就感到驚訝，彷彿他們無法想像還有什麼事可做。

他們的想法太狹隘。我的目標已經演化了，從未停止成長。在我的腦海中，另一個更大的畫面已經清晰浮現。我不只想成為片酬頂尖的動作巨星，我要當領頭羊。我要成為業界收入最高的演員。

為此，我需要讓人們知道，我不只是肌肉發達，能征善戰。我必須向他們展示柔軟的一面、搞笑的一面、戲劇化的一面、人性化的一面。我必須演喜劇片。

沒人看好這個主意。記者認為我的表現將乏善可陳，製作人認為觀眾不會接受，經紀人認為我可能不得不自砍片酬，我的某些朋友認為我會丟自己的臉。

不好意思，我不同意。

前一年，我結識了傑出的喜劇製作人兼導演艾凡・瑞特曼（Ivan Reitman）。我向他述說我的願景以及我想做的事情。他理解現在的我想向世界展示的不同面向，而且他能看見。他能看見我在想像下一段旅程時看見的東西。

艾凡也明白，好萊塢體系充斥著唱衰者。這些傢伙的本能反應，就是要我固守老本行，因為這對他們而言最容易理解：阿諾是動作明星，所以就寄給他更多動作電影劇本。我不能跑去找一堆高階主管，要求他們考慮讓我出演片場下一部喜劇電影。如果我想主演喜劇，就必須端出計劃給他們，讓他們無法拒絕。於是我們就這麼做了。艾凡先是找了幾個編劇朋友激盪創意，接著跟我一起規劃，直到我們找到一個雙方都滿意，也相信片廠會喜歡的點子。

那個點子成了《龍兄鼠弟》（*Twins*）這部喜劇。主角是孿生兄弟朱利葉斯和文森特，實驗室培育出來的兩人一出生就被分開，三十五年之後才重逢。我扮演朱利葉斯，也就是「完美」的那個。丹尼·德維托（Danny DeVito）飾演的文森特是個小罪犯，兩兄弟初次相見，朱利葉斯把他從監獄裡保釋出來。

我們是一支了不起的團隊。我剛拍完《魔鬼司令》（*Commando*）

和《終極戰士》（*Predator*），丹尼在五季《計程車》（*Taxi*）之後剛拍完《綠寶石》（*Romancing the Stone*），而艾凡剛剛執導《魔鬼剋星》（*Ghostbusters*）。誰不會想找我們拍一部搞笑片呢？

事實證明，幾乎整個好萊塢都不想。每個人都喜歡這個構想，但某些片廠主管無法接受我主演喜劇。他們認為我不可能在丹尼旁邊演好這個角色，因為他是個喜劇天才。其他人認為我無論如何都無法勝任，無論在誰旁邊。有些人理解這個構想，喜歡我們這組人馬的喜劇潛力，但無法承受失敗的高昂成本。我們三人正處於事業巔峰；我們的酬勞都不便宜。倘若片廠按照行情支付，製作成本會很高；若要賺取他們想要的利潤，這部電影就不能只是成功而已。

艾凡、丹尼和我腦力激盪，一起想出一個計劃。我們很愛這個劇本，只要片廠提供製作資金，我們都相信電影會成功。我們只需要設法把唱衰者變成支持者。我們的解決方法是不收預付款，藉此盡量減低片廠的風險。如果片廠同意製作這部電影，我們三個人都不收取任何片酬。反之，我們將從電影的收益中抽成，也就是好萊塢行話裡的「後端」。片廠賺錢，我們才會賺錢。

我們意識到自己正在試圖幹一件大事。當年的片廠幾乎不讓演員後續抽成，至今仍是如此。對我們每個人來說，這項計劃都存在職業上的風險，延後支付的酬勞也帶來財務上的風險。但我們認為，既然要做，就全力投入。

我們終於找到支持者，他是環球公司的總裁湯姆·波洛克（Tom Pollock）。正如艾凡看見我作為喜劇男主角的潛力，湯姆也看到《龍兄鼠弟》的潛力。他甚至試圖要我們收預付款——你能相信這件事嗎！但我們堅持拒絕，堅守讓我們走到這一步的計劃。湯姆接受我們的條件。

一九八八年初，我們在新墨西哥州的聖塔菲進行製作。到了一九八九年初，我們不僅在甘迺迪中心為新任總統喬治．H．W．布希舉行首映，國內票房也突破一億美元。這是我第一部取得如此成績的電影。直到今天，當我告訴別人這個事實，他們仍然不相信。但縱觀職業生涯，《龍兄鼠弟》真的是讓我賺最多錢的電影。

如果要做，就豁出去做

談到做大事，好萊塢裡只有一個人比我更瘋狂：詹姆斯．卡麥隆（James Cameron）。詹姆斯和我是熟識近四十年的老朋友，我們合作過三部電影。其中，《魔鬼終結者 2》（*Terminator 2*）和《魔鬼大帝：真實謊言》（*True Lies*）在上映當時，都是前所未見的大規模製作。《魔鬼大帝：真實謊言》甚至是第一部官方預算超過一億美元的電影。

但詹姆斯之所以能夠凌駕所有人，原因在於他對計劃全力以赴的能力。他一再做到這一點。德文裡有一句諺語：Wenn schon, denn schon。粗略翻譯過來，意思是「如果要做，就全力做，豁出去做。」詹姆斯體現了這句話。他一直都是這樣，從我認識他的時候就是。

我想，這是他在生涯早期擔任模型製作和美術指導時培養起來的。這兩份工作的目標，都是盡可能讓東西看起來像真的。為此，你必須在任務中全力以赴，不能有絲毫馬虎。如果你希望自己製作的東西可信，永遠不能接受「夠好」，成品必須無懈可擊。你不能錯過任何一個細節，事無大小，同等重要。

其實，健美也是如此。健美比賽有四個主要評分標準：肌肉、比例、線條、儀表。要在每個類別貫徹無數事項，才能得到最高分數。想贏得比賽，就要有能力同時關注大事和小事。

一九六八年，我在邁阿密第一次輸掉美國的比賽。我在四個主要類別中的一項表現得不夠完美：線條。賽事的贏家名叫法蘭克．贊恩（Frank Zane），他的體型比較小，但肌肉線條比我清晰。我的身體太平滑了；我錯失這個大事。後來，我在一個月後搬到威尼斯海灘，開始在金牌健身中心訓練。我意識到自己之所以錯失那個大事，是因為錯失了一些小事：我的腹部和小腿。

美國職業選手對腹部每塊肌肉的關注遠超歐洲選手，我們會做仰臥起坐和屈膝等典型腹部運動，以鍛鍊上腹部和下腹部。但我們沒有進一步細分鍛鍊——至少我自己沒有這麼做——來針對內外斜肌、腹橫肌或胸肌側面下方的前鋸肌。你可以從我和法蘭克在邁阿密舞台上的合照中看出差異。我有普通的六塊肌，看起來很不錯，但法蘭克的每一塊腹肌都像是從解剖教科書上描摹，並在花崗岩上雕刻出來。我不得不開始做法蘭克和其他美國職業選手做的鍛鍊，而且我要做更多、更久。

然後是小腿。小腿肌不像胸肌和背闊肌這些大肌肉，或「海灘肌肉」二頭肌和三角肌那樣引人注目，但如果你想贏下比賽，小腿肌同樣重要。根據古希臘的理想，小腿肌是塑造完美身體對稱的重要組件。想成為偉大的健美選手，就必須處理好你的小腿肌。

麻煩的是，小腿肌是慢縮肌，因為每次行走都會用到，所以天生就能承受壓力。眾所周知，小腿肌很難練。那個年代，很多人為了在小腿上增肌而掙扎。於是，他們要不是接受這個命運，就是索性忘了小腿肌。這比想像的容易，因為小腿通常會被褲子或襪子遮擋。而且，即使站在健身房的鏡子前，也不太會仔細觀察它們。

但我能看出自己的小腿不夠粗壯。小腿基本上就是腿部的二頭肌，我有二十四英寸的二頭肌，但我沒有二十四英寸的小腿。我認為這破壞了我的身體比例，威脅到我贏得奧林匹亞先生（Mr. Olympia）並成為世上最偉大健美選手的機會。我不會讓這種事情發生。

我不會在小事情上疏忽，任其危及更大的願景。我來美國，是為了成為世上最強。既然要做，就要全力以赴。

意識到小腿問題的那天，我把所有運動褲都剪短，這樣在訓練別的肌肉群時，就無法避免會在鏡子裡看到小腿。然後，我開始每天練小腿肌。以前這是我在離開健身房前才做的事，現在成了我進健身房做的第一件事。每天用提踵機做數十組，負重一千磅，每週七天。不只有我無可避免地在健身房四處走動時看見自己的小腿，隨著它們的肌肉增長，我的競爭對手也免不了看見它們。

一年後，我贏得個人七座奧林匹亞先生的第一座。做那些腹肌和小腿訓練是否真的帶來差別？很有可能。但我可以保證，沒做，絕對有差。

詹姆斯明白這一點。正因如此，《鐵達尼號》（*Titanic*）的製作成本高達兩億美元，在當時超過史上任何一部電影。開始考慮拍攝

《鐵達尼號》時，詹姆斯想以前所未有的方式，講述世上最著名的船難，因為他本人曾以幾乎沒人有過的方式身歷其境。一九九五年，詹姆斯全力以赴，豁出去了。他乘坐俄羅斯潛艇潛入海底，親眼目睹鐵達尼號的殘骸。他希望觀眾感受到他親眼看見鐵達尼號時的感受。他希望觀眾感覺猶如身處北大西洋中央，跟著船一起沉沒。他想讓觀眾沉浸於這段歷史，以及史上最偉大、豪奢的客輪之中。他說：「一定要完美。」

於是，他成就完美。他在墨西哥下加州海灘一個要價四千萬美元的巨形水缸內，建造了自己的鐵達尼號。這艘船長七百七十五英尺，幾乎是與鐵達尼號等大的精確複製品。船體前方可以傾斜入水，巨大的後部可以脫離、九十度垂降。詹姆斯在船內搭造可以傾斜的布景，然後在船外平台組建複雜的攝影和照明設備，懸掛於吊車，可以隨著船身上下來回。

他實在是雄心勃勃。上述一切加上必須與導演團隊的現場拍攝完美融合的所有特效工作，很多地方可能會出錯。若非每個細節都無懈可擊，電影可能會顯得老套、乏味或是不寫實。

為了以預想的方式實現目標，詹姆斯知道自己必須追求極致。沒有妥協或捷徑，沒有半點馬虎，沒有便宜行事。場景的所有細節都必須與歷史一致。地毯、家具、銀器、吊燈玻璃、欄杆的木材，全都與一九一二年相同。詹姆斯為所有餐具印上白星航運（White Star Line）的標誌，還親自跟臨時演員會面，逐一賦予每個角色背景故事。他付出一切，甚至超過一切。

電影拍攝耗時七個月，最終於一九九七年十二月十九日在美國首映，當週週末就賺得兩千八百萬美元，年底突破一億美元大關。等到最初的院線放映結束，《鐵達尼號》全球票房已經達到十八億美元，成為有史以來最成功的電影。《鐵達尼號》保有這項殊榮長達十二年，直到被一部更具野心的電影篡位，也就是詹姆斯的下一個計劃——《阿凡達》（*Avatar*）。

詹姆斯全力以赴的意願和能力，是否為《鐵達尼號》與《阿凡達》帶來差異？我不知道。但我向你保證，倘若他沒有全力以赴，結果一定不一樣。

這不僅是追求目標時的思維，也是打造目標的方式，無論你的目標與其他人的相比是大是小。

如果你是家族裡第一個上大學的人，不要只是去喝酒打混，然後拿了一張文憑就走。要夢想學到足以改變人生的東西。要夢想讓自己獲得真正的升級。瞄準院長嘉許名單，而不只是畢業證書。

如果你想成為一名警察，不要只是追求警徽或退休金，要爭取隊長職位，努力做好事，成為他人的楷模。

如果你想當電工或汽車技師，不要只追求開設自己的店鋪，然後在職業學校中虛度光陰，或者對學徒時期掉以輕心。認真學好手藝，努力在業界出頭，讓自己成為社區的資產。

如果你畢生最大的願望是為人父母，不要只為兒女付錢，或者以為養家活口就是唯一的職責。要成為偉大的榜樣，培養健康且善良的子女，讓他們走進世界，為自己成就偉大。

我要表達的是，如果要做，就全力以赴。不僅因為全力以赴可能是確保成功的關鍵，更因為沒有全力以赴絕對會讓你失敗。而且，因此受創的不只是你而已。

就像那句俗氣的勵志名言：「瞄準月亮，即使沒中，也會落在繁星之間！」姑且不論說出這句話的人顯然沒上過天文課，重點是，擁有遠大的目標，然後全力以赴，即使最終棋差一著也無妨，因為你很可能在過程中完成相當了不起的事：成為大學畢業生、警察、技工或父母等等。

反過來說也是真的，而且也許更重要。若只追求小目標，大目標自然遙不可及，原因在於缺乏全力以赴的動力，沒能區分「偉大」與「尚可」間的所有細節。

假如我滿足於奧地利先生或歐洲先生的頭銜，我可能不用太擔心前鋸肌的線條或小腿肌的大小，也因此，奧林匹亞先生的稱號永遠不會屬於我。假如詹姆斯滿足於製作一部關於鐵達尼號的趣味冒險片，他可能不用太擔心觀眾根本不會看到的茶杯標誌，或者無台詞臨時演員的人物背景歷史。然後，我們永遠都不會有《阿凡達》。

我的意思不是說成為奧地利先生或製作有趣的沉船電影不值得追求，也不是說獲得學位、擁有自己的汽車修理店或兒女不足以自豪。我的意思是，這些不能成為減少付出的藉口。無論夢想多大，如果不努力，如果沒有全力以赴，如果沒在必要的時候把運動褲剪短，只會讓自己失望而已。古羅馬斯多噶學派哲學家塞內卡（Seneca）

說：「沒有人比未曾面對逆境的人更不幸，因為他不被允許證明自己。」

讓嘲笑聲成為燃料

生活中總會有人質疑你跟你的夢想。他們會唱衰你，跟你說那是不可能的、你做不到、那是不可行的。夢想愈大，這種事愈頻繁，你會遇到愈多這樣的人。

縱觀歷史，某些最偉大的表演者和創造者，都不得不應對那些不理解他們的人。《蒼蠅王》（*Lord of the Flies*）作者被出版社拒絕二十一次。J．K．羅琳（J. K. Rowling）的《哈利波特》也被拒絕過十二次。偉大的漫畫家陶德．麥克法蘭（Todd McFarlane）甚至被不同漫畫出版社拒絕了三百五十次。安迪．沃荷（Andy Warhol）送了一幅自己的畫作給現代藝術博物館，結果被他們退回來。《教父》製片多次解僱法蘭西斯．福特．科波拉（Francis Ford Coppola），因為他們不認同他的敘事。U2樂團和瑪丹娜在簽約前，都曾被多家唱片公司拒絕。

商業界也是如此。Airbnb 創辦人在首次募資時招攬了七位投資者，全被拒絕。史蒂夫．賈伯斯被自己的公司解僱。華特．迪士尼的第一家動畫公司破產。Netflix 曾試圖以五千萬美元的價格，把公司賣給百視達，結果百視達的人用嘲笑送他們離開。阿里巴巴創辦人馬雲被哈佛大學拒絕十次，有一段時間連肯德基都不僱用他。二十世紀幾乎每項重大科技進展的發明家都曾被視為愚蠢、不切實際，或純粹太笨，受到「更有見識」的人嘲笑。諾德士（Nautilus）健身器材的發明者亞瑟．瓊斯（Arthur Jones）曾收到一封來自唱衰者的信，裡面寫道：「你想讓所有肌肉獲得一致且均勻的發展？那是不可能的。

事實就是如此。」

而這些傑出人物的共同點就是：儘管面對懷疑和質疑，他們不曾停止前進。

那些唱衰你的人，是生活的一部分，但並不表示他們有權干涉你的生活。他們不是壞人，只是對你沒有助益。他們害怕陌生與未知，害怕冒險，害怕走出舒適圈。他們沒有勇氣去做你正設法要做的事。他們不曾為自己想要的生活打造宏大願景，然後擬定實現的計劃。他們從未在任何事上全力以赴。

我怎麼會知道？因為倘若他們曾經努力過，絕不會勸你放棄，或說你要做的事情不可能實現。不，他們會鼓勵你，如同我現在正在做的事。

當話題涉及到你和你的夢想時，那些不看好的人根本不知道自己在說什麼。如果他們從未做過你正在嘗試的任何事，請問問你自己：

我為什麼要聽他們的？

答案是：你不應該聽他們的。你應該無視他們，或者，更好的辦法是，聽他們的冷言冷語，然後將其轉化為動力。

一九七五年，正準備參加個人最後一次奧林匹亞先生比賽的我接受很多採訪，分別來自不同健身雜誌，也包括規模更大的媒體機構。他們都提出相同的兩個問題：我為什麼要離開健美運動，以及我接下來要做什麼？我的回答都一樣，實話實說。我在健美運動領域已經實現了曾經夢想的一切，甚至更多。我從健美比賽的勝利獲得的喜悅已經不如以往，而喜悅對我來說很重要。我想要新的挑戰。我對記者們說，我將開始舉辦健美比賽。然後，我要進軍演藝界，成為主演。

有些記者聽完我描述的演藝目標，說出艾凡．瑞特曼十年後會說的話：「你知道嗎？我能想見。」有這樣的記者，但是屈指可數。其他人不是翻翻白眼，就是大肆嘲笑這個想法，就連攝影師等在旁邊觀看的人也笑出聲。你可以在某些現存的採訪影片中聽到這些笑聲。

但我沒有生氣。我歡迎他們的質疑，我希望在說出想要成為演員的時候，聽到他們的嘲笑聲。這給了我燃料。我需要這些笑聲，原因有二。

首先，跟實現任何遠大願景的難度一樣，無論你是誰，進軍演藝界都很難。考量到我想要的方式以及我的背景，情況難上加難。我不想變成每天在洛杉磯奔波試鏡的龍套演員，接只有一兩句台詞的角色。我想成為另一個雷格．帕克，扮演海克力士那樣的傳奇角色，或成為下一個查理士．布朗遜，扮演懲奸除惡的動作片英雄。一開始，我先跟一些選角導演和製片人會面。他們聽我描述我想做的事，然後說我可以扮演硬漢、保鏢或士兵。他們說：「戰爭電影總是需要納粹軍官。」好像我應該為此興高采烈或心滿意足。我記得我第一次提到想要演戲，可能是在尚未拿下第一座奧林匹亞先生的時候，金牌健身房裡一個在當電視特技演員的傢伙告訴我：「我現在就能讓你在《霍根英雄》（*Hogan's Heroes*）裡軋上一角！」除了成為優秀演員所需的努力——演戲課、即興表演課、語言和口才課、舞蹈課——我還要盡可能找到更多動力，來克服那些唱衰者帶來的阻力；也許其中有些人身居要職或掌握權力，但無論如何，他們擋住了我的去路。

第二，我需要他們的懷疑和嘲笑，這對我很有幫助。我在奧地利長大的過程中，所有形式的動力都涉及負強化（negative reinforcement），即移除不喜歡的事物，藉此增強某種行為表現）。打從童年開始，凡事都是負面的。舉例來說，有一本德國備受歡迎的童話書，叫做《蓬頭彼得》（*Der Struwwelpeter*）。這本書包含十個寓言，講述調皮搗蛋的孩子如何藉由不當行為的可怕後果，毀掉所有人的生活。聖尼古拉斯會在耶誕節造訪你家，送禮物給乖孩子，還會與坎普斯同行——形似惡魔的坎普斯，頭上有巨大的角，工作是懲罰壞孩子，讓他們因為恐懼而變乖。在塔爾那樣的小村莊，父親們會在聖尼古拉斯節造訪彼此的家，戴著坎普斯面具，嚇唬對方家裡的小孩。我的坎普斯是樓下的鄰居，我父親則為村裡的好幾家人扮演坎普斯。

坎普斯和《蓬頭彼得》的效用在於讓孩子們守規矩，但是對於一些天性不同的人來說，這種負強化產生了另一種東西：動力。不是為了「變乖」，而是為了「出走」；遠走他方，邁向更大更好的事物。我就是那些與眾不同的孩子之一。從此，我把任何形式的負能量化為動力。要我臥推五百磅，最快的方法就是跟我說這不可能。要確保我成為電影明星，最簡單的方法是在聽到我的計劃時笑出來，然後說我做不到。

在追求目標的道路上遭遇唱衰者，你是有選擇的。你可以選擇忽視他們，也可以選擇利用他們，但就是不能相信他們。

我在二〇〇三年成為加州州長，也同時繼承了數十個唱衰者，也就是加州州議會的成員。民主黨員不想聽我說，因為我是想要讓加州在經濟能力範圍內生活，不要花費下一代資產的共和黨員。共和黨成員也因為我在環保、槍枝法令和醫療改革等議題上的立場而不信任我。我踏入一個艱難的局面，但我必須無視它。我必須把他們對我的抵抗放在一邊。我的任務是找到跟所有人合作的方式，通過對加州公民有益的法案。

這代表妥協。只要能夠找到共同的立場，不會讓人民失望或讓他們的生活更難，我就會與立法機關合作，制定目標一致的法案。隨著時間推移，沙加緬度的領袖們發現我是理性且思慮周到的人。我不是黨派工具，我實事求是。我們可以合作。但在最初幾年，試圖完成一些事項的過程中，會議後總有幾個時刻，讓我逐漸看清身為州長的新願景。

典型的場景如下：我的團隊跟立法者坐下來，討論我提出的一項法案。我會講解這將耗資多少，又將如何幫助他們選區的人民。如果他們願意支持，我會大力表達感激。他們會同意我們長久以來都需要做這樣的事，也同意選民會因此受惠。然而，就在此時，話鋒一轉，他們會靠在椅背上說：「我很喜歡這個構想，但……我不能把它帶回我的選區。」

當時，還不熟悉政治的我聽不懂他們在說什麼。什麼叫「不能把它帶回我的選區」？他媽的搭上飛機，回到你的選區，坐在辦公室裡，跟你的選民見面，跟他們說明我們在沙加緬度試圖做的事。

他們會說：「倘若我把這個法案帶回去，我會在下一次選舉輸給同黨的候選人，因為他們會說我對這項法案的支持，象徵我不夠開明或不夠保守。他們會說我處在一個『安全的位置』，但支持法案會讓這個位置變得不安全……對我來說。」

他們說的是「傑利蠑螈」（gerrymandering，美國政治術語，指以不公平的選區劃分方法操縱選舉，使投票結果有利於某方）的影響。當我意識到傑利蠑螈有多廣泛，我嚇壞了。不只在加州，而是遍及全國的選舉地圖，層出不窮。而且，這個狀況已經持續了兩百年！原來，沒有任何有意義的立法能夠通過的主要原因之一，就是選區劃分——每隔十年，由同一批重劃邊界的既得利益政客負責劃分——我當下就知道，我們必須修復選舉地圖。這成為我作為加州州長的宏大目標。

當我在二〇〇五年提出重新劃分選區，從兩黨的激烈反應來看，你可能會以為我想搶走他們可以免費拿取的美國國旗胸章。沒有人對此感到高興，很多政客被惹毛。每個人都說這不可能，不會發生，我做不到。

這是他們的第一個錯誤。當他們在二〇〇五年獲勝，重新劃分選區的提案在選舉中被否決，他們表現得彷彿一切到此為止。他們以為我會放棄，轉頭去做別的事情，改變我的優先順序。

這是他們的第二個錯誤。當重新劃分選區這樣的事情在我的腦海清晰浮現，當這件事正式成為我的目標，我不會放手。我不會轉移注意力。我不會停。而且，我也不會妥協。

沒有B計劃；B計劃就是成功完成A計劃。

事情確實就是這樣發展。

往後三年，我一次又一次提出這個政見。我跟任何對於傑利蠑螈抱持開放而誠實態度的人深談，我徵求多方意見，尋覓讓改變成真的最佳途徑。在二〇〇八年的選舉，我將這些努力全都融入一項新的選區重劃措施之中。這個措施比我在二〇〇五年提出的更為激進。當年輸了十九個百分點，這次卻贏得幾乎兩倍的選票。三年之內，我們不只讓選區劃分改革的選民支持率翻倍，還把劃定選舉地圖的權力還諸於民。

當你對目標抱有遠大的想法，就可能產生這樣的效果。當你全力以赴，無視質疑者，當你堅守自己的立場，好事會以意想不到的規模，發生在你和你關心的人身上。

讓我告訴你一個道理：擁有 B 計劃不曾帶來任何好事，總之不會是足以改變人生的重大影響。對每個偉大的夢想來說，B 計劃都是危險的，是為失敗而存在。如果說 A 計劃是人們不常走的路，要你披荊斬棘，開闢通往理想生活願景的道路，那麼 B 計劃就是阻力最小的道路。一旦你知道那條路存在，一旦你接受這個選項，遭遇困難的時候就非常容易選擇它。

去你的 B 計劃！制定備用計劃的同時，你不只給了所有唱衰者發言權，承認他們的質疑合情合理，也限縮了自己的夢想。更慘的是，你成了最不看好自己的人。

世上的唱衰者已經夠多了，沒必要壯大他們的陣容。

破紀錄，闢新路

艾德蒙．希拉里爵士（Sir Edmund Hillary）是第一個登上珠穆朗瑪峰的人。當他下山回到本營，迎接的記者們問他世界之巔的景色如何，他說那令人難以置信，因為站在山頂的他看見喜馬拉雅山脈另一座尚未攀登的山，便已經開始思考攻頂路線。

頂峰會給你一個全新視角，去觀看剩下的世界以及餘生。你會看到之前在視野外的新挑戰，也會以新的方式看待舊挑戰。手握這個巨大的勝利，所有挑戰都變得可以征服。攀登珠穆朗瑪峰之後，希拉里攻克更多尚未攀登的山峰。在《魔鬼終結者》和《終極戰士》賣座之後，我轉攻喜劇，拍了《龍兄鼠弟》和《魔鬼孩子王》（Kindergarten Cop）。這兩部電影在上映時，都是我所拍過最大規模製作的電影。雕刻大衛像之後，米開朗基羅並沒有停止創作，他畫了西斯汀教堂的天花板，成就文藝復興的傑作之一。伊隆．馬斯克（Elon Musk）創辦 PayPal，徹底改變網路銀行之後，沒有帶著錢告老還鄉。他創立 SpaceX，徹底改變太空旅行，然後加入特斯拉，徹底改變電動車。

實現夢想會賦予你更廣更深的視野，延伸至世界遠處，探索一切可能，也能更深入自身，探索能力極限。正因如此，你很少聽說哪個人成就大事後，接著收拾行李，到一個私人島嶼銷聲匿跡。那些胸懷大志的成功人士總會繼續前進，努力奮鬥，做更大的夢。回想上一次你完成引以為傲的艱難任務，後來的你沒有停下腳步，對吧？當然沒有。成功給你更多信心，讓你做更多事情。新的事情。所有偉人都是如此。也許他們沒有在最偉大的層級上取得成功——音樂圈充滿只紅一曲的歌手，很多作家只寫出一本暢銷書，很多導演只導了一部偉大的電影——但他們從不停止努力與做夢。他們從不說：「我成功了，我的工作完成了。」只要還有一口氣，他們就會為了實現理想生活的願景而努力。

把夢做大再取得成功，會對我們產生影響，至少絕對對我產生了影響。這讓我上癮，因為我發現真正的限制只存在腦中。我意識到人類的潛力無限，無論是我的或你的。我相信，當別人看見你和我這樣的人衝破障礙，開創道路，他們也會意識到自己的潛力無限。當我們把夢做大，去實現夢想，這些夢想對於他人來說也變得真實。

在艾德嵘・希拉里爵士和雪巴嚮導丹增・諾蓋於一九五三年五月二十九日登上珠穆朗瑪峰之前，三十二年中共有九次攻頂失敗的紀錄。然而，艾德蒙・希拉里爵士登頂之後，三年內有四名瑞士登山者也成功登頂。接下來的三十二年，也就是首次成功登頂前所耗費的時間，有超過兩百名登山者踏上珠穆朗瑪峰山頂。希拉里登頂的前一天，一個名叫道格．赫本（Doug Hepburn）的加拿大舉重選手成為首位臥推五百磅的人。數十年來，五百磅一直是臥推的神祕數字。但在那個十年結束時，布魯諾．薩馬蒂諾（Bruno Sammartino）臥推五百六十五磅，粉碎了赫本的紀錄。我自己就曾臥推五百二十五磅。紀錄從此多次被打破，至今已超過七百五十磅。

我透過自己的人生，見證了同樣的發展。我來到美國之前，沒有人離開奧地利。也許你會去德國的工廠工作，或者如果你真的很有冒險精神，可能會搬到倫敦經商。但是美國？門兒都沒有。在我贏得那些奧林匹亞先生比賽並演出《王者之劍》後，我開始在洛杉磯各處看到奧地利人和德國人的身影。他們赴美投入健身業、好萊塢，以及他們在雜誌上讀到我做的各種事，如同我當年在雜誌上讀到雷格．帕克那樣。無心插柳之下，我為他們打開美國的大門，而值得讚揚的是，這些男男女女勇於走過來。

見證擁有瘋狂目標的人付出一切然後成功，力量很強大，能像魔法一樣解放我們甚至不知道自己擁有的潛力。這讓我們看見，用努力支撐決心，能帶來什麼樣的成就。

如果來自英國工廠小鎮的孩子雷格．帕克能成為環球先生和電影明星，為什麼我不能？

如果數百萬的歐洲移民能帶著行李箱和夢想到美國討生活，為什麼我不能？

如果一介演員隆那．雷根（Ronald Reagan）能當加州州長，為什麼我不能？

如果我能做我所做到的事，為什麼你不能？

話說回來，我其實滿瘋的。我的任何事都跟普通人不一樣。我沒有普通的夢想，我對於大目標和新挑戰的風險承受能力高到頂天。每件事我都要做大。

身為健美選手，我每天重訓兩次，一次四到五個小時。身為演員，我拍的大製作電影本身就是一場豪賭。在我唯一的政治崗位上，我管理世界第六大經濟體。身為慈善家，我關注環境汙染議題，以修復地球為目標。

這就是我的思維：做大事。

我常常會想，假如不以這種方式行事，我的人生會變成怎樣。假如我採取不同作風，或假如我做小一點的夢。

假如我留在奧地利，跟父親一樣當警察，人生會是什麼樣子？假如我沒有發現健美，或者我只把健身當作嗜好，而非使命，人生會是什麼樣子？假如我聽從製片人的意見改名，或者在宣布即將從影時受記者的意見左右，人生會是什麼樣子？我想知道，假如「夠好」對我來說真的夠好，人生會是什麼樣子？

我不知道，也不想知道。便宜行事追求更小的夢想，做那些其他人都在做的事，這在我耳裡聽來就像一種緩慢的死亡。我不想跟這樣的人生有瓜葛，你也不該。

何必瞄準中庸之道？何必在還沒付出努力，去發掘自身能力之前就滿足於「夠好」？你有什麼可失去的？做一個大夢不會比做一個小夢更花力氣，不信你試試看。拿出紙和筆，寫下願景，然後劃掉，再寫一遍，但這一次寫下更遠大的願景。

看吧，花的力氣是一樣的。

把夢做大不會比把夢做小還難。唯一困難的部分，是允許自己把夢做大。好，我不但允許你把夢做大，我也要求你把夢做大。為了人生思考目標並建構願景的時候，你必須記得，這不僅關乎自身，你可能會對身邊的人產生巨大影響。為人生開疆闢土的同時，你可能也正在為某些人鋪路，縱使你甚至不知道他們正在看著。

夢想有多大，你有沒有全力以赴，或者是否遇到第一個難關就屈服——這些都很重要，對於你的幸福和成功尤其如此。但這些事也可能對世界產生真正的影響，遠遠超出你直接影響自己的程度。

RULE

3

重複帶來力量，
痛苦帶來分量

我敢打賭，你跟我有很多共同點。我們都不是我們認識的人之中，最強壯、最聰明、最有錢的那一位。我們不是最快的，也不是人脈最廣的。我們不是顏值最高的，也不是最天賦異稟的。我們沒有最好的基因，但我們擁有許多人永遠不會擁有的東西：努力的意願。

如果說世上有一個顛撲不破的真理，那就是：努力是無可取代的。沒有捷徑、成長祕訣或魔法藥丸可以讓你迴避做好工作、實現夢想，或贏取你在乎的事物所需的辛勞。努力太辛苦了，所以人們一直試圖在過程中尋覓捷徑、跳過步驟。最終，這些人要不是遠遠落後，就是被我們甩開。因為對於百分之百值得追求的目標來說，唯一百分之百有用的做法就是拚盡全力。

舉個多數人都能理解的例子：致富。值得一提的是，世界上最不幸福的人，竟然包括樂透贏家和繼承大筆家產的人。根據統計，七成樂透贏家會在五年內破產。在代代富裕的豪門中，憂鬱、自殺、酗酒和藥物濫用的比率，往往高於中產階級或努力賺錢的人。

這個情況的背後有很多因素，其中一個重要原因，是一夜暴富的樂透贏家和繼承家產的富豪，沒能享有追求遠大目標的益處。他們沒有機會體驗賺取財富的美妙感覺；他們只知道擁有財富的感覺。他們沒能學到掙扎和挫敗帶來的重要課題，也絕對無法把這些課題應用到夢想之中，進而歡喜收割。

試想艾德蒙・希拉里爵士被直升機載到珠穆朗瑪峰頂，而不是在一九五三年春天徒步跋涉兩個月才登峰。你認為山頂的景色在他眼中會一樣美好嗎？你認為站在那裡的他，還會在乎遠處那座尚未攀登過的山嗎？當然不會！倘若沒有體驗過推自己一把，做超乎想像的事，並且熟知經歷的痛苦將帶來只有自己能夠創造的成長，你永遠無法像那些透過努力獲取的人一樣珍視擁有的東西。

努力有用，說穿了就是這樣。無論你做什麼，無論你是誰，這句話都適用。這是我終其一生貫徹的理念。

我在試圖成為史上最偉大健美選手的旅途中，每天訓練五個小時，持續了十五年。來到美國之後，我把訓練檔次提升，創造出雙組訓練法。早上練兩個半小時，晚上再練兩個半小時，如此一來，我就可以每天都完成兩回完整的訓練。為此，我需要兩組訓練夥伴——早上是法蘭科，晚上是艾德・科尼（Ed Corney）或戴夫・德拉珀（Dave Draper）——因為沒有人願意練得那麼辛苦。他們不像我這麼瘋，在練最凶的巔峰時期，每次訓練都搬動四萬磅的重量，相當於一輛裝滿貨物的卡車。大多數人不想嘗試這種訓練。太苦了。但我享受每一組訓練，我想要感受所有痛苦，積極到我在奧地利的第一位教練覺得我是個怪胎。也許他是對的。

當我從健美運動退役，投身演藝事業，我把原本每天訓練的五小時，轉而用於成為領銜演員的努力。我上了戲劇課、英語課、演說課，以及消除口音課（我到現在還想討回那門課的學費）。我出席無數次會議，閱讀數百份劇本；不只是那些寄到我手中的劇本，還有任何我能拿到的劇本。如此一來，我才能學會區分爛劇本、好劇本，以及卓越的劇本。

每部電影都有特定的準備工作，不只是讀劇本和背台詞。為了《龍兄鼠弟》，我上了舞蹈和即興表演課。為了《魔鬼終結者》，我要化身一台機器，戴上眼罩，直到可以閉著眼睛完成每一場槍戲。我在射擊場上射擊的次數之多，讓我得以在開槍時再也不眨眼。為了《魔鬼終結者2》，我反覆練習霰彈槍的退膛動作，練到指關節流血，只為了銀幕上兩秒鐘的鏡頭。我沒有怨言，這都是工作的一部分，都是為了打破常規，成為新型態男主角——動作片英雄。

接著，我把這套哲學帶入政界。二〇〇三年競選期間，我拚命閱讀關於加州所有重要問題的簡報，每份簡報都充滿頂尖專家撰寫的詳細內容，涵蓋大量晦澀主題，諸如彈藥的微壓印，和縣級醫院護理師與病人的配置比例等等。我從未想過自己需要接觸這些議題，更不用說在那些議題上做出決策。每天在威尼斯山丘下的健身房做完晨練，我會打開家門，歡迎願意教我治理、施政，以及對加州人來說重要事情的任何人。我致力於履行並貫徹我在競選中向選民做出的承諾，成為與眾不同的政治人物。所以，我將先前用於健美以及表演的五個小時，轉化為政治語言的沉浸式學習計劃。日復一日，像交換學生一樣學習和練習，試圖掌握當地語言，一遍又一遍複習筆記，然後反覆背誦，直到那些話語自然流瀉而出。

這一切努力——所有的訓練組數、所有的艱辛痛苦、所有的後續行動、所有的超長工時——在我生涯的每個階段如出一轍。這也適用於你想要在人生中達成的任何事，無論是創業、結婚、農耕、環遊世界、加薪升職、參加奧運、管理裝配線、創辦非營利組織；不管是什麼，目標都是做好準備。準備好在聚光燈打開、機會敲門、攝影機開啟、危機來臨時有所表現。不要誤會，勤奮工作本身就具有價值和意義，但真正的目的，是在夢想成真或願景實現的時刻到來之時，你不會畏縮，也不會動搖。

一組、一組、再一組

打從我開始從事健美運動，努力就代表一次次重複訓練。不只要完成組數，還要追蹤記錄。在格拉茨當地的舉重俱樂部，我總是把整個訓練計劃寫在黑板上，包括組數和次數。把它們全部打勾之前，我不會離開健身房。後來，為電影做準備的時候，我會在劇本封面做記號，記錄自己完整讀過幾次劇本。記住每一幕之前，我不會放下劇本。（我唯一一次忘記台詞，是在《龍兄鼠弟》的拍攝現場，因為丹尼·德維托惡作劇，把我午休要抽的雪茄換成大麻雪茄。）擔任州長的時候，甚至到了現在，需要發表畢業典禮和主題演講時，我也會在草稿封面做同樣的記號。我知道，重複十遍能讓我講得不錯，但重複二十遍能讓我做到出色。詞語會感覺更自然，就像脫口而出，發自肺腑。練習演講的次數愈多，我在講台上的存在感就愈強，觀眾對我以及我分享的思想也更能產生共鳴。

至關重要的是，這些必須是高品質的重複，不是鬆懶、分心、弓背、軟手的敷衍。你必須用正確的姿勢，完成完整的訓練。你必須付出最大努力。別忘了，如果要做，就全力做，豁出去做！無論我們談論的是硬舉、記者會，還是演講排練，都需要全然的身心投入，而且每一次都要。相信我，這是經驗之談。一個微小的疏忽、一個不良的動作、一個錯誤的語彙，就足以讓你不進反退。

大量重複的重點，是打下一個基礎，讓你變得更強大，更能抵禦愚蠢的不幸錯誤。目標是增加你能夠承受的負荷，這樣一來，當需要表現的時刻到來，像是人們會看到並且記住的時刻，你不必思考自己做不做得到，只要去做就好。倘若不投入時間，以正確的方式做事，一切都會分崩離析。倘若在反覆訓練時敷衍苟且，不注重細節，打下的基礎就不夠穩固，無法依靠。

正因如此，槍械訓練有一句這樣的名言：「慢就是順，順就是快。」也正因如此，醫護和消防這種需要第一時間做出反應的職業，人員必須孜孜不倦，一遍又一遍練習基本技能，直到這些技能成為本能。這樣一來，當大事不妙，意外發生——而事情確實總會出錯——他們不必動腦思考拯救性命的慣例行為，可以利用些許額外的思維空間來處理未曾見過的情況，不浪費寶貴的分分秒秒。

我們在生活多數領域之中不用擔負這麼大的風險，但這個原則一樣適用。以爵士樂薩克斯風手約翰．柯川（John Coltrane）為例。柯川被視為史上最偉大的即興爵士樂手之一，他的獨特風格被稱為「音樂之帷」，淋漓盡致之時聽來彷彿同時吹奏所有音符。當柯川在一九五〇年代末和六〇年代初與塞隆尼斯．孟克（Thelonious Monk）和邁爾士．戴維斯（Miles Davis）等爵士大師合作，聽眾完全無法預測每個晚上他的薩克斯風會傳出什麼樣的樂音。但可以確定的是，每個白天他總是發了狂地努力。

柯川勤練不輟，當代另一位薩克斯風手說柯川「一天練習二十五小時」。他定期吹兩百五十六頁的《音階和旋律模式大全》（*Thesaurus of Scale and Melodic Patterns*），相當於李小龍這樣的高手，連續十八個小時反覆練習「上蠟、脫蠟」和「漆柵欄」的基本動作。有人說，柯川會練習一個音符長達十個小時，只為確保音色和音量無懈可擊。在家裡，柯川的妻子常發現他含著吹嘴睡著。柯川曾在一次採訪中透露，真正專注於某個想法的時候，他會整天反覆練習，完全不知道自己總共練了幾個小時。

柯川的私下練習與公開演奏，似乎不是同一種藝術形式，但兩者關係密切。正是苦練出的基本功，讓舞台上的即興演奏猶如魔法。他的練習嚴謹而遵循結構，可預測且無聊乏味；他的演奏自由流暢，隨心所欲，妙不可言。他似乎根本不需要考慮音符，也確實不需要。他不能這麼做。如果他的即興演出要與舞台上其他演奏者的風格融合，就沒有任何延遲空間，沒有時間去思考。就像事故現場的急救人員，或搖搖欲墜的大樓裡的消防員，他必須知道該做什麼，該往哪去，該採取什麼行動，當下就要知道。

如果你是體育迷，這就很像頂尖足球員、籃球員、曲棍球員和滑雪選手練習技藝，然後在最大的舞台上拿出最佳表現。每週都有好幾個小時的單調投籃訓練。每週都有好幾英里的滑冰、滑雪和跑步訓練，聚焦於腳步技巧、轉向、身體平衡和重心調整。每次訓練都融入數百甚至數千次運球和傳球練習。

全球聽眾都熱愛約翰・柯川的演奏，因為他的演奏充滿激情。人們會說：「柯川燒起來了！」然而，鮮為人知的是，他在舞台上展現的激情，源自無數次無人傾聽時的練習。同樣的道理也適用於籃球場上的斯蒂芬・柯瑞（Stephen Curry）、足球場上的萊納爾・梅西（Lionel Messi）、冰上的亞歷克斯・奧韋琴根（Alex Ovechkin），或是山上的赫爾曼・邁爾（Hermann Maier）。這些人能在燈光亮起時震撼全場，是因為他們在沒有人看到的時候，咬牙完成所有艱苦的工作。

這就是我們要追求的境界，這就是我們必須做的。

我們必須擁抱無聊的事情，練好基本功。我們必須把事情做對，而且一做再做。唯有這樣，我們才能打造穩固的基礎和肌肉記憶。如此一來，在關鍵時刻拿出最佳表現就不成問題，甚至非常容易。

痛苦是暫時的

倘若沒有《王者之劍》的成功，我不會走到今天這一步。而那部電影之所以成為商業大片與邪典經典，要歸功於導演約翰．米利厄斯（John Milius）在西班牙拍攝期間對我的嚴苛要求。

《王者之劍》的基本工作就已經夠難了，我還因為整部片都沒穿上衣，每天都需要重訓以保持最佳體態。然後，在開拍前，我和口條教練一起排練了三十到四十遍長篇台詞。我學會劍術和武術編排，還為決鬥場景接受摔角和拳擊訓練。我學會騎馬、騎駱駝和騎大象。我學會如何從巨石躍下，如何攀爬並抓住長繩擺盪，如何從高處摔落。基本上，那段時間我就像上了一所職業學校，專為有志成為動作片英雄的人開設。

不只如此，米利厄斯還要我做各種糟糕透頂的事。我在岩石間爬行，一遍又一遍重拍，直到前臂流血。我逃離野狗，但還是被抓到，牠們把我拖進荊棘叢裡。我咬了一隻真正的死禿鷹，每次拍完都不得不用酒精漱口。（要是善待動物組織當時知道這件事，一定會大作文章。）開拍沒幾天，我的背上就被劃了一道需要縫四十針的傷口。

米利厄斯這樣說：「痛苦是暫時的，這部電影卻會永存。」

他說得對，所以上述那些麻煩事都沒有困擾到我。痛苦，只是製作一部偉大的劍與魔法電影所須付出的代價。如果我願意付出這份代價，就會離願景更近一大步。對持久的偉業來說，犧牲是必須的。

這就是痛苦的美妙之處。痛苦是暫時的，你不必永遠忍受它。而且，痛苦還能讓你知道，自己是否開始為了追夢而付出足夠努力。倘若追求偉大或實現目標的努力沒有帶來痛苦，讓你付出代價，或至少讓你不舒服，那麼很抱歉，我必須說，你還不夠努力。你沒有為了實現全部的可能，而犧牲可以犧牲的一切。

然而，痛苦不只是犧牲的指標，也是成長潛力的衡量標準。在健身房裡，如果一項訓練沒有讓我開始感到痛苦，那我就知道自己做得還不夠，不足以釋放特定肌肉的成長潛力。組數帶來力量，痛苦帶來分量。正是因為這樣，我渴望痛苦。也因為這樣，在一九七〇年代健身房的照片和影片中，我總是面帶微笑。我不是受虐狂；深蹲六百磅讓自己無法呼吸，快要吐出來，一點都不好玩。我會微笑，是因為我感受到訓練的痛苦，這讓我知道成長就在不遠處。每一組痛苦的訓練，都讓我距離健美夢想更近。我感到快樂，因為這就是一切辛勞的重點：贏得頭銜，捧著冠軍獎盃站在領獎台最高階。

關於痛苦，我不是第一個想通這個道理的人。眾所周知，穆罕默德．阿里（Muhammad Ali）曾說，在做仰臥起坐讓他感到痛苦之後，他才會開始算自己做了幾下。「只有這些才算數。」他說：「這些才會讓你成為冠軍。」巴布．狄倫（Bob Dylan）說，所有美麗的創作背後都有痛苦。

你可能已經知道這個真理。我相信你聽過某些表達相同資訊的普遍說法：**走出舒適區，擁抱痛苦，積極走向痛苦，每天做一件讓自己恐懼的事**。這些話語只是試圖以不同方式告訴你：想要成長，或者想要變得偉大，不可能輕鬆寫意。你的目標會帶來一點痛苦，甚至是很大的痛苦。

海軍海豹突擊隊（Navy SEALs）和陸軍遊騎兵（Army Rangers）的選拔過程中，在候選人痛不欲生之前，教官們不會開始試煉。他們耗盡你的體力，衝著你怒吼大叫，限制你的卡路里攝取，讓你在戶外或水中凍到止不住顫抖。就在這樣的時刻，他們會試圖淹死你，或者利用精細技巧和團隊合作的測試來衝擊你的大腦。他們要測試的其實不是你的能力。實際上，他們不在乎你能否完成任務。他們想透過測試了解的，是你會不會在無法承受痛苦的時候放棄。他們對技能開發或體能增長沒有興趣。技能開發可以留待以後再說，他們也知道，有動力的候選人自然會花時間鍛鍊體能。他們想找的是堅毅的性格。有時候，在追求偉業和宏大願景的過程中，這才是最重要的。

以韌性與毅力撐過痛苦，最能鍛造人格；因為痛苦而屈服放棄，最會摧毀人格。話雖如此，毫無意義地忍受痛苦是愚蠢的，這就真的是受虐傾向了。但我們談的不是那種沒有附帶目的的痛苦，而是有助益的痛苦。這種痛苦能夠促進成長，建立基礎和人格，讓你更接近願景的實現。

偉大的日本小說家村上春樹曾寫道：「只要有意義，我什麼痛苦都能忍受。」隨著年歲推移，我領悟到此言不虛：要讓痛苦變得可以承受，只要有意義就行了。

二〇〇六年耶誕節前不久，我在愛達荷州的太陽谷滑雪時摔斷腿，大腿骨斷了。那是人體最粗的骨頭，要弄斷可不容易，真的很痛。我必須立即透過手術植入鋼板和螺絲，這也很痛。我預定要在兩週後出席第二個州長任期的就職大典，正常的程序是先跟加州最高法院首席大法官一起宣誓，然後發表致詞。換句話說，要站很久。

我的團隊和活動工作人員意識到長時間站立會帶來的麻煩，於是提議取消正式典禮，讓康復期的我在家裡宣誓就職。但我不同意。所以，我有兩個選擇：我可以吞下大量止痛藥，祈禱自己致詞時不會像個口齒不清的瘋子；或者，我可以拒絕藥物，明知站在台上會痛到爆，還是帶著清醒的頭腦致詞。

我可以忍受二十分鐘的痛苦，甚至忍受一整天的痛苦，反正不管我怎麼決定，腿都斷了。無論身處何處，我都會感到某種程度的痛苦——在家裡的沙發還是在沙加緬度的舞台，都一樣。我何不選擇能助我領導加州奔向美好未來的那種痛苦呢？我的願景包括分享這樣的時刻：站在人們面前，讓他們知道我將永遠站在人民這一邊。我會兌現承諾，就算身處痛苦之中。做到這一點，對我來說意義重大。正如約翰．米利厄斯所說，痛苦是暫時的。反觀那一刻的力量，以及我在前一年的選戰廝殺後得到的成就感，卻會永遠與我同行。

親力親為，做好做滿

十個月後，接近二〇〇七年的十月底，加州爆發大火。某個星期五夜晚，我在睡前得到報告，說全州各地爆發數起火災。週六起床，我得知火災擴大到三十多起。其中對生命和財產構成最大威脅的災情集中在聖地牙哥郡，最終導致超過五十萬人撤離，包括二十萬聖地牙哥市居民。數千人被安置在德爾馬賽馬場，和曾是NFL聖地牙哥、電光隊主場的高通體育場。

這對加州來說是噩夢般的情景——人口密集區的風暴性大火。兩年前目睹卡崔娜颶風在紐奧良釀成巨災之後，我們一直在沙盤推演、制定方案並進行災難應變演習。當時政府在各個層面都沒能對那些可憐的災民負起責任，結果有超過一千五百人喪生。我發誓，倘若再次陷入類似的處境，我們將儘速部署合適的人員和服務，從一開始就釐清事態，並對受害者和前線人員做出最迅捷的反應。這就是所有計劃和應急演練的目的。

關於掌權者的工作，很多人有所誤解。他們以為，身為州長的我確保我們有了計劃，也為此進行了防災演練，每個人都知道自己的角色，於是我的工作就完成了。人們的想法是，就跟公司老闆或團隊經理一樣，州長負有很多責任，不能把所有事情都攬在身上做。到了某個階段，他們必須把任務委派出去，並相信自己制定的計劃會奏效，自己僱用來執行任務的人會做好。

問題是，你不能期待他人真的會按照你的預期去做，或按照他們的承諾去做，尤其在關鍵時刻，無論是成功前夕還是災難邊緣。防止災難發生所需的努力，往往跟實現夢想所需的一樣多。事情總有變故，信號總被誤解，人生性懶惰，有些人就是笨到底。如果你有一份工作要完成、一個目標要實現，或者已經承諾要保護某個人事物，而這一切能否按照設想進行至關重要，那麼你就必須從頭到尾親力親為。

到了星期六下午，我看出聖地牙哥的情況即將變得一團糟。我能在腦海中看見。太多移動的群體分散在過於廣大的區域，而且事態變化太快，我們無法掌控全局。當夜幕降臨，疏散人員已經湧入高通體育場，但折疊床還沒備好，飲用水也不夠。我知道我們一定還有其他疏漏。我覺得，若想確保一切完備，就必須親赴現場。

前往現場的途中，我們透過高通體育場的現場人員了解到他們當前的需求：顯然需要更多水，但還有尿布、嬰兒奶粉、衛生紙，以及在當下顯得比較奇怪的狗屎袋。你在深入了解災難應變這樣的情況之前可能不會意識到，提供基本住所之後，最重要的就是嬰兒和老年人照護，接著是衛生。我們立刻致電加州雜貨商協會的負責人，他組織隊伍，收集了我們要求的所有物資，前往現場跟我們會合。

等我們抵達體育場，折疊床還是沒有就定位。它們在哪裡？它們在誰手上？為什麼還沒有送來？我的團隊問了每個可能會有答案的人，並請他們打電話給每個可能會有答案的人。一連串通話之後，我們發現折疊床放在一個儲藏設施裡，而那個設施已被最初簽訂租約的人出售。新業主換了鎖，他不知道這個儲藏設施裝滿折疊床，而這些折疊床是加州災難應變計劃的重要元件。最糟的是，沒人有鑰匙！

這種事情是沒辦法瞎掰的。如果我們不到現場提問，不親力親為，並確保周圍每個人都按照解決問題的計劃做好本分，那些折疊床可能至今仍塞在儲藏設施裡。謝天謝地，我們追蹤的只是折疊床。事態大有可能變得更嚇人，就像德爾馬賽馬場的情況。

週日晚間，就在我們準備離開時，我得到消息，當地一間養老院的七百位居民被送到德爾馬賽馬場。所有人安全，大家都鬆了一口氣，但我就是放不下心。有看過老年人藥櫃的人都知道，就算只有一般醫療問題，他們的護理仍是相當複雜。若遇到緊急情況，不能只是把他們放在賽馬場禮堂的折疊床上。於是，我帶著團隊前往德爾馬賽馬場。

讓我擔憂的第一個跡象是，此時現場沒有醫生，只有一個名叫保羅・魯梭（Paul Russo）的護士。他是海軍醫療兵，非常能幹，獨力照料這群流離失所的男女。第二個跡象出現在大家準備上床休息時，一位可愛的女士走到我面前，膽怯又困惑地說：「我不知道該怎麼辦，本來我明天早上要做洗腎療程。」

這觸發一連串後續問題：現場還有多少人需要類似洗腎這種緊

急日常護理？多少人需要待在醫院環境，需要醫生的監控？附近有空床的醫院在哪裡？他們有多少台洗腎機？有夠多輛救護車，能把所有人送去嗎？

我們花了整個晚上，找出這些問題的答案。結果，現場有幾十個人需要護理，但方圓一百五十英里內找不到有床位的醫院可供安置。於是，我們開始聯繫每個軍方分部的負責人，他們在加州設有基地。身為州長，我知道每個軍事基地都有兩樣東西：武器和醫療設備。我們在附近的海軍陸戰隊彭德爾頓營地醫院裡找到空的病房，有床位了，還需要救護車運送這些人，最後在向北六十英里的橙郡找到救護車。我們在飛機旁通宵工作，待在停機坪期間稍微睡一兩個小時，等著從德爾馬得到確認，知道所有需要移送的人都已經被送達。這是艱困處境中的枯燥工作，在災難之下無可避免。搞定一切，我們才起飛回家。

這就是親力親為，貫徹到底。重點是不遺餘力，一絲不苟，圓滿解決，還要回頭確認。假如我們做的事情少百分之一，會對那些養老院的居民造成什麼後果？我甚至不敢想像。儘管如此，還是有很多人滿足於仰賴計劃和系統，或是完成最低限度的要求，然後自顧自想著：「一切就緒，我搞定了。」才怪。不要當個懶惰的廢柴。做好做滿，只有在徹底完成的那一刻，你才有資格說：「我搞定了。」

我熱衷於貫徹。從各方面來看，我認為貫徹是完成重要事項的關鍵，因為重要的事情往往既不簡單也不直接，幾乎總是依賴時機、他人和諸多變異因素，而你無法指望這些。諷刺的是，貫徹通常是工作中最簡單的部分，至少從能量和資源的角度而言是如此。然而，我們要不是將之視為理所當然，就是疏忽遺漏。我們說：「我想做這件偉大而美妙的事。」然後，我們著手進行，以為光靠「想要」就能推動進展，彷彿希望和良善的立意有任何價值。

我們甚至會這樣對待自己。這在體育賽事中屢見不鮮。高爾夫球選手在果嶺旁的沙坑裡沒有徹底做好切桿，於是球不是困在沙坑，就是飛過果嶺。網球選手做對了一切，調整姿態準備反手抽球，但忘記貫徹動作，於是球飛出場館。足球選手在凌空抽射的瞬間，或是十二碼罰踢那種基本動作上，也會遇到同樣的情況。我在健身房裡也常看到，像是做滑輪下拉的人在動作之初沒有完全伸展，或在動作之末沒有完全緊繃。他們根本沒有執行到位。

把這些事情獨立出來，看似微不足道，但在任何一刻缺乏貫徹都可能害你輸掉比賽或潛在的益處，也可能害你在生活中錯失良機。缺乏貫徹表示你沒有全心投入，沒有全力以赴，只是交差了事。這個問題遠比你想像的嚴重；如果你能接受執行不良的出手動作或是得過且過的滑輪下拉，就有可能對其他更重要的事情採取半吊子態度，例如工作上的產出，或一段關係的經營，甚至是照顧孩子的方式。那些會胡亂做四組十下滑輪下拉的人，更有可能在換尿布時馬馬虎虎，或者在最喜歡的餐館忘記伴侶要點什麼餐。與之相反的是那些堅持做五組十下痛苦但標準動作的人，即使那更為耗時耗力，這些人了解以正確的方式做事，並且付出一切努力的感受有多麼美好。

伍迪．艾倫（Woody Allen）說：成功有八成在於現身。在他之前，湯瑪斯．愛迪生（Thomas Edison）說：成功有九成來自汗水。他們說的都沒錯，但不可能兩人都對。邏輯喬不攏。實際上，美國鄉村歌手兼香腸製造商吉米．迪恩（Jimmy Dean）說得最妙，他說：「說要做什麼，就要做什麼，而且做的要比說的好一點。」

親力親為，做好做滿，達成這兩點就好。如果你的願景對你而言夠重要，你絕對可以做到，而這將讓你脫穎而出。有別於絕大多數說自己有動力去做大事或者產生重大影響的人，這表示你認真想把願景變成現實。

善用你的二十四小時

我還有更多好消息要告訴你。除了努力的意願，我們還有另一個共同點：我們每天都一樣有二十四小時。我們在人生的其他面向也許截然不同——年紀、財富、住處、專長——卻擁有同樣的動力和時間。超棒的！這表示，只要投入時間和努力，我們無所不能

你需要捫心自問的是：我浪費了多少時間？我花了多少時間在思考如何開始，而不是真正開始？我在社群媒體上虛擲了多少時間？我花了多少時間看電視、打電動、喝酒和跑趴？

我希望你沒有浪費太多時間。可悲的是，大多數人浪費了很多時間。最可悲的當數那些胸懷壯志，渴望改變人生的人。當我問他們為夢想做了什麼，他們會花二十分鐘解釋自己有多忙。毫不意外，最愛抱怨時間不夠的人，付出的努力最少。

容我換個方式表達：忙個屁啊。我們全都很「忙」。我們每天都有事要做，有義務，有責任。我們都需要吃飯、睡覺、付帳。這跟為了願景努力有什麼關係？如果願景對你來說很重要，你就該為它騰出時間。

一九七〇年代中期，我已經為自己實現了許多重大目標。我到了美國，贏了「環球先生」和「奧林匹亞先生」比賽。我被許多人視為世界上最偉大的健美選手。但我的工作並未結束；攀上巔峰，就要設法待在那裡。對我來說，某部分想法是把目光轉向好萊塢，因為那裡提供更大成就的可能，但在此之前，我必須花很多時間在洛杉磯打造像樣的生活，同時繼續進行必要的訓練，來保持參賽等級的體態。

首先，我製作健身手冊，並與喬．韋德達成一項協定：我免費為他的補給品跟器材拍照宣傳，但他要在雜誌中為我刊登健身手冊的跨頁廣告。接著，我開始上課，主要是在聖莫尼卡城市大學和加州大學洛杉磯分校上商業課程。為了得到額外收入，我舉辦重訓研討會，還跟法蘭科一起從事砌築業，在城市各地砌磚。我用砌磚跟健身手冊賺來的錢買了一棟公寓，當起房東。等我正式走向好萊塢，我才開始參加先前提到的戲劇和即興表演課程。我的行程滿滿，連舞蹈課都有！

當然，這些事情都不是隨興做的。它們要不是會幫我賺錢，就是會在往後為我省錢。我隨時都把目標放在心上。我製作健美手冊，是為了讓自己觸及更多人，也讓健美這項運動觸及更多人，同時幫助那些沒錢參加我的重訓研討會的人。

我選擇砌磚工作，是因為那就像額外的重量訓練。我可以把皮膚曬黑，透過跟人們交談練習英語，還可以享受建造帶來的成就感。別忘了，我的目標不只是來到美國，還要成為美國的一部分。出演電影對此至關重要，但洛杉磯至今仍保有我和法蘭科五十年前在訓練之餘砌築的牆壁和人行道，我覺得那也是個人成就的一部分，就像我在好萊塢星光大道上的星星，和日落大道上的廣告看板。

我上商業課，是為了學習美國商業語言，並希望能夠流暢活用。我還想藉此為演藝圈的商業面做準備，這樣經紀人或片廠就無法占我的便宜。

我買了一棟公寓，有了住的地方，不必擔心租金。長久以來，租金往往迫使有抱負的演員，接受那些與願景不符的爛工作。我不想淪為接案演員，我想成為動作片英雄和一線男星。頭上有了遮風擋雨的屋頂，我就可以耐心等待，拒絕扮演納粹士兵或光頭保鏢這類龍套角色的邀約。

當我向別人描述當年的日常生活，即便我解釋了為什麼行程滿檔，就像前面在書頁中解釋的那樣，他們還是嚇壞了。

他們會問：「那你哪來的時間吃飯？」我會告訴他們，大多數的時候，我跟其他人沒兩樣，但如果時間緊迫，我會在前往健身房的車上吃，或是邊讀書邊吃。我每天早上都會在課堂上喝高蛋白。真的遇到擠不出時間吃飯的時候……就不吃了，反正從來沒有人因為少吃一頓飯就餓死。

有些人納悶：「這樣哪有時間玩樂？」我會說，我一直都在玩樂。如果不好玩，我幹嘛那麼拚？我很愛訓練，也享受跟法蘭科學砌磚。我很愛認識新朋友，也想搞懂美國人怎麼做生意。

另一個常見的問題是：「你都什麼時候睡覺？」我會在晨練後小睡片刻。當砂漿在牆上凝固時，我也會在卡車上補眠，但我通常在感到疲憊的時候才睡覺。

緊接而來的問題是：「你不會隨時都覺得很累嗎？」我的回答每次都一樣：不會。話說回來，我總是精力旺盛，從小就是這樣，所以這有一部分是遺傳因素。但很多人忽視了更大的部分，也是最重要的部分：當你追求一個願景，朝著一個目標努力，沒有什麼比進步更能帶來活力。

當我突然領悟商業課上學到的某個概念，我會想要立刻深入探究。當我聽到自己的英語變好，我會想要找人交談，以便繼續練習。在健身房裡，當我感受到肌肉充血，知道進步正在發生，就會想要練到手臂不聽使喚。有時候我真的會這樣，練到肌肉充血，接著練到感覺痛苦，就像阿里說的那樣，然後繼續練到無法動彈。這通常是唯一能讓我離開健身房的狀態。在身體層面，我筋疲力竭，但在心理層面，我的開關被打開了。我興奮不已，充滿活力，因為我剛剛花了兩個小時接近自己的願景。

在這樣的時刻，我怎麼可能上床睡覺？

這種境界，其實就是所謂的「心流狀態」，時間同時擴張和崩塌。你投入某件事情，開始得到進步，突然之間，當你抬起頭來，已經是隔天早上了。

作家、音樂家、程式設計師、西洋棋大師、建築師、藝術家……任何對愛好充滿熱忱的人都有類似經歷。工作到了某個時間點，時間本該追上他們，關閉他們的大腦，但他們似乎突破了人類的注意力區間和生理極限。有時候確實會這樣，就像柯川含著薩克斯風睡著，遊戲設計師在鍵盤上昏睡，或者偵探在成堆的檔案裡睡去。同樣常見的，還有程式設計師進行三十六小時的「駭客松」（hackathon），創造改變世界的電玩或應用程式。你可能也聽過這些故事：導演山姆・畢京柏（Sam Peckinpah）在沙漠中用三天時間重寫《日落黃沙》（*The Wild Bunch*）的劇本；黑色安息日（Black Sabbath）在十二小時之內錄完他們的第一張專輯；凱斯・李察（Keith Richards）在錄音室忙了一整天，就在快要睡著的瞬間，突然想出〈滿足〉的旋律。

無論這是不是關乎心流狀態，每個有所成就的人不是找到時間，就是創造時間，或是把手上有的時間轉化為完成眼前任務的時間。聽了這樣的故事，如果你還在擔心吃飯、體力、睡眠或玩樂，也許你的問題根本不在於時間，而是你把時間花在什麼地方。很多人跟我抱怨沒有時間健身，於是我要他們拿出手機，讓我看看螢幕時間統計，結果顯示他們在社群媒體上花了二個半小時。你缺乏的不是時間，而是一個讓時間不成問題的人生願景。

或者，你可能確實擁有能夠帶來動力的遠大願景，但實現這個願景所需的時間太長，導致通往成功的旅途令人難以承受，於是你動彈不得。這真的可能發生，而且非常可怕。打造能夠贏得健美比賽的身體不會只花一天、一年，甚至兩三年，好幾年來，就算沒人支付酬勞，我每天鍛鍊不懈，才終於讓身體的尺寸和比例得以引起評審、喬．韋德和公眾的關注。然後，我花了更多年，對身體進行細微調整，方能連續贏得奧林匹亞先生頭銜，並且主演《王者之劍》和《魔鬼終結者》。

倘若我完全專注於最終結果，或像俗話說的，試圖一口吞下大象，我一定會噎到。我會失敗。實現我所渴望的那種足以改變人生的永續成就，唯一途徑就是日復一日、逐步進行刻苦的工作。我必須專心完成每一組訓練，動作一絲不苟。我必須傾聽痛苦，打造終將到來的成長。我必須親力親為，執行為了追求更大願景所制定的計劃。

無論你試圖達成什麼目標，無論你當前的生活有多忙碌，這些原則也同樣適用於你。我會證明給你看。來做一個我稱之為「二十四小時倒數」的練習：

你每天睡幾個小時？就當作八小時好了，畢竟當今的科學認為這對巔峰表現和長壽來說最為理想。好的，現在每天還剩十六小時。

你每天工作幾個小時？假設也是八小時好了。那麼，現在每天還剩八小時。

你每天花多久通勤？美國的日均通勤時間是半小時左右，考量到生活在大城市附近的人，我們就寬鬆點抓一趟四十五分鐘，往返就是一個半小時。現在每天還剩六個半小時。

你花多少時間陪伴家人，包括早餐、晚餐和看電視？我們將這段時間設定為三個半小時。這樣已經很足夠了，是真正有品質的家庭時間。現在每天還剩三個小時。

你每天花多少時間健身或活動身體？對大多數人來說，平均約為一個小時，包括遛狗、做家事和訓練。這很棒，每天一個小時的活動非常重要。現在每天剩下兩個小時。

把典型日常生活的所有事情都納入計算之後，你每天仍有兩個小時，可以朝著願景前進。我已經能聽見很多人會接著提出的問題：那休息和放鬆的時間呢？首先，嬰兒才需要休息，退休老人才需要放鬆。你是哪個？如果你想要做一些特別的事，如果你想要實現一個遠大的夢想，你不得不先把放鬆放到一旁。但是，好吧，你想要稍微放鬆，那就從剩下的時間拿一半來小睡。就算這樣，你每天還有一個小時，可以朝著目標努力。

你知道每天一個小時的力量有多強大嗎？假如你想寫一本小說，每天坐下來寫一個小時，目標一頁就好，過完一年，你會有三百六十五頁手稿。那就是一本完整的書了！假如你想保持體態，每天燃燒的熱量比攝取的多五百卡路里，一個星期之後，你的體重將減掉一磅。一年之後，你可能減重五十磅！要怎麼讓燃燒的熱量多於攝入？試著利用那剩下的一小時騎單車。就算每週只以普通的速度騎五天，一年之後，你騎單車的距離將超過洛杉磯與波士頓之間的距離。你等於騎車橫越美國了！

這些都是絕佳的成就，需要投入大量努力，但只要做好規劃，將其分解為每日不超過一至兩個小時的小目標，你絕對游刃有餘。說穿了，你就算跟我一樣瘋，每天也只需要投入五個小時而已，你還有十九個小時來做其他事。吃飯稍微快一點，通勤時煞車少踩一點，快一點入睡，你就會找到需要的時間。所以，不要跟我說你沒時間訓練、學習、寫作、建立人脈，或者做任何實現願景所需的事。

關掉電視，把各種機器、裝置扔出窗外。藉口就留給那些願意聽的人。開始打拚吧。

RULE 4

釐清顧客所在，
向世界推銷你的願景

來到美國後，我經歷最大的文化衝擊之一，就是人們對健美缺乏認知。基於我在喬．韋德的雜誌讀到的一切，我對這項運動的期望比所見所聞高出許多。

別誤會我的意思，健美的次文化確實存在。我們有雜誌和營養補給品，有頒發不同冠軍頭銜和獎盃的各項賽事。全國各地都有很棒的健身房，我所在的洛杉磯就有兩座大型的。我們也有粉絲和迷弟迷妹。但在健美社群之外，大多數人對這項運動一無所悉。

當我在派對上與人交談，或在商店排隊時跟人互動，他們看我身強體健（這並不難，因為我總是穿短褲和背心出門），總會說：「哇，看看這身肌肉，你打美式足球嗎？」我回：「不，再猜猜看。」然後他們會猜我是摔角手或保鏢之類的，幾乎從來沒有人想到健美。

我發現，大型報紙和體育雜誌不會報導健美，電視台也不關注我們。即便有，風格也往往像是在報導納森吃熱狗大賽。健美運動員是奇觀，滿足群眾的獵奇心態。從媒體選擇用以描述我們的詞語中可以感受到這件事。幾乎每篇報導都會出現「四肢發達」和「怪胎」等用語，不斷暗示我們是笨蛋、同性戀或自戀狂。這讓我百思不解：為什麼巔峰的身體狀態對他們來說這麼奇怪？再說，為什麼我們只有這些選擇？

他們為什麼總把重點放在我們登台穿著的泳褲，或是為了凸顯肌肉線條而抹在身上的油？他們無視所有選手多年來的努力和犧牲，將世界錦標賽簡化成最膚淺的畫面：一群曬得黝黑、泛著油光的男人在舞台上繃緊肌肉，顯然是對於極少衣物下殘缺部分的過度補償。

我問了一些金牌健身房裡的美國人，情況何以至此，他們也不知道。我說：「我們應該找這些記者談談。」但多數人都不願意蹚這灘渾水。他們說，那些寫手和記者都帶有偏見，心懷嫉妒，才總是對我們這麼不公。他們說：「談了又會有什麼不同？」但我覺得這說不通。寫手怎麼會知道我們每天訓練幾個小時？他們怎麼會知道我們能舉起多大的重量、有多強壯，或者有多自律？如果我們不說，他們要怎麼得到這些資訊？我的健美同儕不願意跟記者交談，因為媒體不斷錯誤刻畫我們的身分與作為。但是，不跟他們交談正是我們最初陷入誤解的原因。

當時的我是健身房裡最年輕的成員，但我在歐洲有足夠的銷售工作經驗，知道如果你想讓某樣東西曝光並且開發生意——即使那筆生意是一項非傳統的運動——你就必須向人們訴說。你必須溝通和推廣，好讓大家知道它的存在。這樣一來，他們才知道這是怎麼回事，以及他們為什麼應該在乎它。換句話說，你要把它賣出去。

我告訴我的同儕，我們的職責所在，就是向大眾清楚解釋健美這項運動。

報紙、電視節目、記者，他們不該是我們的敵人；他們應該是我們的夥伴。他們需要故事來填補報章版面和節目時間，而我們需要把故事傳播出去。如果我們想要把這項運動做大，就應該幫他們填滿空間，提供關於健美運動的描述，解釋這項運動的特別之處。我們不能指望他們用我們做得到的方式填補版面，當然也不能指望他們以我們想要的方式填補版面。看看放任他們自由發揮的時候都發生了什麼。如果我們想改變健美運動的形象，就必須教育記者，進而教育大眾。我們必須成為解釋、推廣，以及推銷這項運動的人。

如今，當企業家、運動員和藝術家向我尋求建議，無論他們談論的是最新產品、最新作品，還是如何找到代言人，我都會告訴他們，應該花更多心思做推廣、溝通、銷售，然後賣、賣、賣！也許你擁有最神奇的創意、最完美的計劃，方方面面都是同級最佳，但如果沒人知道它存在，沒人知道它是什麼，一切都只是浪費時間和精力。實際上，它等於不存在。

實現夢想的過程中，你不能允許這種情況發生，永遠都不應該發生。因為沒有人比你更有能力和動機，將你的願景推銷給世界。無論你想要舉家搬到另一個國家，還是把足球隊遷到一座新的都市；無論你想要拍攝電影還是造成影響；無論你想要創業、買農場、從軍，還是創立一個帝國——無論夢想大小，你都必須知道如何推銷，以及向誰推銷。

認識你的推銷對象

推銷你的願景，表示公布自己試圖實現的目標，以一種特定的方式講述故事，讓你需要的或是必須說「好」的對象盡可能積極看待。換言之，瞄準你的顧客。

當我最初轉投演藝事業，並從動作片過渡到喜劇片，我需要向經紀人、導演、製片人和片廠高階主管推銷我的願景，設法讓他們說「好」，給我在片中露臉的機會。我和艾凡、丹尼為了《龍兄鼠弟》在湯姆・波洛克的辦公室裡祭出的大戲，正是對一名希望降低風險的大客戶所做的推銷。我們的任務，是向湯姆講一個故事，讓我們對這部電影的願景看起來恰好是他心之所向。

我說：「聽好，相信我，我們在同一條船上。我們對這部電影抱持同樣的創意願景。沒有人的自尊會礙事。」

「湯姆，我知道怎麼拍這部片。」艾凡說：「只要給我們一千六百萬美元，我會在時限跟預算之內搞定。」

「然後，我們就可以共享這部電影的成功。」丹尼說：「而且你完全不用擔心片酬。」

湯姆將手伸過辦公桌跟我們握手。他明白這對每個人來說都是一筆好交易，但還是想要展示我們占了多大的便宜。他離開椅子，走離辦公桌，俯身把褲子口袋翻出來。

「知道你們剛剛對我做了什麼嗎？」他說：「我剛剛被你們搶劫，身無分文了。你們搞定我了，恭喜。」

我們都笑了。又拿下一個滿意的顧客！

當我開始擔綱主角，顧客就不只是製作人跟片廠主管，我必須向媒體和大眾推銷我本人以及我的電影。我必須向進電影院的觀眾證明，我是出色的演員，還必須說服影評，讓他們覺得我的電影好得有如藝術作品。不只是品質，對整個社會也有好處。

這種情況首次在檯面上發生，是《魔鬼終結者》上映的時候。許多記者只想談論電影中的暴力成分。我已經在《王者之劍》裡屠戮那麼多人，他們質疑，我為什麼下一個角色又是殺人機器。現在聽起來很過時，但是別忘了，影評人在一九八〇年代之初握有很大的影響力。吉恩·西斯科（Gene Siskel）、羅傑·埃伯特（Roger Ebert）、保琳·凱爾（Pauline Kael）、雷克斯·李德（Rex Reed）、雷納德·瑪廷（Leonard Maltin）——這些影評人靠一篇負評就可以埋葬你的電影。

我刻意做了一個決定，一日在《魔鬼終結者》首映宣傳期的採訪中，遇到關於暴力的問題，我會直接回應那些批評。我問其中一個記者有沒有讀過聖經，知不知道依照死亡人數計算，它是有史以來最血腥的書。我提醒另一個記者，這部電影是科幻片，我的角色是一部機器，代表了對於科技競逐的警告。我解釋，詹姆斯·卡麥隆創作的劇本在定義上百分之百支持人類。我利用每一個機會，講述揭示詹姆斯真實意圖的《魔鬼終結者》版本，而不是這些不知哪來的記者似乎迫不及待要撰寫的版本。最終結果不言而喻：這部電影在票房上取得成功，而且佳評如潮。

我很幸運，一眼就知道要向誰推銷。如果你花時間了解自己身處的環境，或許也能一眼看清。需要推銷的對象會向你表明身分，於是你可以把焦點放在他們身上。

假設你想追求陶藝的激情，你的願景是製作美麗的陶器，然後在當地農夫市集販賣，或者透過自己的網站線上銷售。你不需要任何人對這個夢想說「好」。陶藝世界沒有守門人，除非你要貸款購買所需的設備和材料，那麼就需要銀行或者擁有資金的親朋好友說「好」。這代表他們成了你的顧客，你的任務就是讓他們相信這個願景。

然而，就算不需要貸款，你還是會希望某些人說「好」，只為了得到他們的支持。也許是你的伴侶或父母，他們擔心你輟學或辭職，會把錢用完，然後破產。他們不是傳統定義上的唱衰者，他們只是害怕；為了你，也為了他們自己。你的任務，是讓他們相信你的願景，讓他們安心，讓潛在的「不」變成理想的「好」，或至少是「好吧」。顯然，追求夢想不需要他們的許可，就算他們不同意，你也不該受阻，但如果能夠說服他們，支持者總是多多益善。

奧地利的青少年時期，我在職業學校和格拉茨一家五金店做學徒，學到很多銷售的法門。我做過五金店裡會有的各種工作：送貨、盤點、補貨、清掃、記帳、客服，當然還有銷售。透過現場觀察店主馬奇先生，我受益良多，學習了銷售之道，以及人們為什麼會購買他們購買的東西——不只是產品和服務，還包括想法。

馬奇先生能夠向各式各樣的人推銷各式各樣的東西，因為他關注並且了解他的推銷對象。我記得某天下午，一對夫妻走進店裡看瓷磚。馬奇先生禮貌問候妻子，隨即把注意力轉向丈夫。這在一九六〇年代奧地利的文化背景之下是常態，因為丈夫是一家之主。馬奇先生拿出一系列瓷磚，擺放在這對夫妻面前，開始解釋每種顏色和款式的優缺點，從頭到尾都對著丈夫說話。他詢問丈夫比較喜歡哪種風格、哪種顏色，再詢問丈夫打算將瓷磚鋪設在什麼房間，預算多少，何時需要。不久之後，丈夫對這些問題感到不耐煩，這讓我感到困惑。馬奇先生的所有問題都是標準而必要的，如果商家沒有提出這些問題，一般顧客可能會生氣。然後我注意到，馬奇先生將身體轉向妻子。她對馬奇先生的問題明顯比較感興趣。她對瓷磚有自己的看法，認真與馬奇先生交流，並把馬奇先生提出的每一項資訊納入考量。

馬奇先生知道自己一開始挑錯談話的對象了。也許丈夫是賺錢的人，但妻子的意見和決定最重要。她對挑選瓷磚有著明確的願景，而丈夫不在意，他只是想讓妻子高興，最後負責簽支票。硬要說的話，他的確是購買者，但真正的顧客是他的妻子。她的「好」，才是馬奇先生需要的。馬奇先生立刻把所有精力集中在妻子身上。在一段丈夫完全沒有參與的長時間交談之後，他們做出決定。

她對丈夫說：「親愛的，你覺得呢？」

丈夫回答：「妳覺得好就好。」看都沒看妻子挑選的瓷磚。

馬奇先生出示發票，他當場寫了一張支票，什麼問題都沒問。

那對夫婦離開之後，馬奇先生問我：「你剛剛學到什麼？」

「怎麼賣我們的商品。」我說，不確定他到底在問什麼。

「沒錯，但這只是其中一件事。」他說：「你有沒有看到我如何轉移焦點，開始關注那位女士？我之所以這樣做，是因為這次購物由她作主。是她想要幫浴室換瓷磚，她是有權決定瓷磚顏色的人，所以我把注意力放在她身上。」

我說：「我有注意到。」

他接著說：「當一對夫婦或一群人走進店裡，你要弄清楚誰在作主，誰對你銷售的商品抱有熱忱，誰跟你有最多互動。要知道誰是客戶，誰是老大，誰做決定。」

我永遠不會忘記那次交易，我因此學會如何關注並了解推銷對象。搞清楚你的顧客是誰，不要把這件事視為理所當然。該讓誰往「好」移動，該讓誰遠離「不」，不會每次都顯而易見。除非你察覺到誰在注意你，否則很難確定你的願景會積極吸引誰，或可能對誰產生消極影響。

推銷願景很大一部分，是看到周遭世界對你的嘗試做出的反應。這樣一來，你才能搞清楚誰想說「好」，以及你需要誰說「好」。若能做到這一點，就可以在對方甚至沒有意識到你在推銷時，釐清你的顧客是誰。

小題就該大作

仔細想想會發現，你就是自己的第一個顧客。明確看見願景，思考它將如何實現，目的就是讓自己相信夢想的可能性。但到頭來，你終究需要向世界推銷這個願景。一開始，最簡單、最真誠的方式，就是把心裡的聲音說出來，好讓其他人聽到。關於實現夢想，你怎麼告訴自己，就應該怎麼告訴別人。

對於某些人來說，公開投身願景至關重要，因為他們往往陷入紙上談兵的困境。做夢總是比做事容易，把你的宏大目標推銷給別人，是讓自己動起來的好方法。這也是我們之中許多人需要的重要步驟。讓大家知道我們的夢想，才能讓這些夢想充分發揮，也許是開一家餐廳、修車店、投入選戰，或任何需要某種顧客與支持者的事情。如果需要人們了解你正投入於什麼，就必須告訴他們。而且，如果想要催動夢想在世界的曝光度，光是告訴人們還不夠，必須擺出一副夢想已然成真的樣子。要做到這一點，你可以在公開談論志業時，把「將會」兩個字刪除。

不要說「我將會成為出色的健美選手」，要說「我可以看見自己身為出色健美選手的樣子」。

不要說「我將會成為電影主角」，要說「我可以看見主演電影的自己」。

這在選舉造勢活動上司空見慣。他們不會說「有請即將成為下一任加州州長的人上台……」而是說「有請下一任加州州長上台……」

這種方式說話強而有力，原因有二。首先，這種將願景呈現給世界的方式，就好像它已經實現，促使你當下開始努力，非讓它成真不可。再者，如果你的願景在他人篤信之下，才能達到最高水準，那麼讓它聽起來就像已經達到最高水準，是終極的行銷策略。對於那些想要加入你的公司、你的行動或任何志業的人來說，讓他們感覺夢想彷彿已經實現，就像發出一種召集令。

喬・韋德和他的兄弟班・韋德是個中大師。他們不說：「健美有朝一日會成為熱門運動」，而是說「健美是一項熱門運動」，並盡其所能傳播這樣的資訊。他們在前往其他國家宣傳推廣，試圖建立國際健美人脈的旅途中，對當地政界人士說：「打造體魄，就是打造國家。」這句話真是鏗鏘有力。

還是少年的我在一九六〇年代初閱讀他們的雜誌，看著他們的廣告，沒有理由不認為健美運動正如韋德兄弟所述：健美必然是粉絲遍布全球的主流運動。畢竟，健美冠軍出現在電影裡。他們登上雜誌封面，還在肌肉海灘那樣的知名景點跟美女合照。他們也代言產品。要不是健美運動很熱門，這些事不可能發生，對吧？

錯了。

當我在一九六八年底抵達威尼斯海灘，很快就發現喬是在誇大其辭。肌肉海灘已經關閉將近十年，健美選手並沒有一隻手夾著衝浪板，另一隻手摟著金髮比基尼女郎到處跑。他們沒有錢，也沒有名。我以為韋德營養是一家巨型企業，不僅限於健美產業，而是在所有產業之中首屈一指。然而，它實際上不過是一間還算得上成功的美國公司，有好幾個辦事處，員工不少，產品銷量也不錯。但我在雜誌上看到的、帶有韋德之名的飛機並不存在。原來，他為了拍攝那張照片租了一架飛機，在上面貼了假標誌。

儘管如此，我並不在意。多年來，喬說服了我以及數百萬像我一樣的人，我們必須把願景帶到美國，才能踏上通往成功之路。而要在成功之路邁出下一步，我必須來到洛杉磯。再說，當時的我畢竟是個活力滿滿、勤奮努力的二十一歲年輕人，為了讓健美成為主流，必須做比預想更多的工作，這對我來說不算什麼。喬把餅畫得夠大，使這項運動發展程度高到足以吸引我，並把我帶到美國。現在，輪到我來接棒，推銷這個願景，讓這項運動進一步成長，吸引所有人加入。

我決定僱用一名公關。他幫助我登上《約會乒乓球》（*The Dating Game*）、《邁克・道格拉斯秀》（*The Mike Douglas Show*），以及強尼・卡森（Johnny Carson）主持的《今夜秀》（*The Tonight Show*）等節目。我在全國各地舉辦健美研討會，搭配我的健身手冊，藉此擴展知名度並教育有興趣的人。我抓住任何機會，講述我和喬共同相信的健美故事，包括在一九七三年與查爾斯・蓋恩斯（Charles Gaines）和喬治・巴特勒（George Butler）交談。他們寫的《史瓦辛格健美之路》，為往後十年的發展打下基礎。

我在一九七四年夏天接受《洛杉磯時報》採訪，終於有機會推翻關於健美的誤解，並解說這項運動的真正意義。我向記者推銷這項運動，就像喬通過他的文章向我推銷一樣。成果是合情合理的長篇專題報導，文中將我稱為「健美運動的貝比・魯斯（Babe Ruth，棒球之神）」，附帶一張全身照。這篇文章登上體育版頭條，配上誇耀我透過健美運動賺了多少錢的標題。幾個月後，《運動畫刊》發表一篇報導，講述那年在麥迪遜廣場花園舉行的奧林匹亞先生大賽，文中滿是體育記者用來描述主流運動優秀選手的語彙。

不出兩年，奧林匹亞先生大賽首次在美國的電視播出，登上《體育大世界》（*Wide World of Sports*）。我獲安迪・沃荷、羅伯特・梅普爾索普（Robert Mapplethorpe）、勒羅伊・尼曼（LeRoy Neiman），以及傑米・魏斯（Jamie Wyeth）等知名藝術家拍攝和繪製。一九七六年二月，法蘭克・贊恩、艾德・科尼和我受邀在紐約惠特尼美術館擺姿勢，讓一群藝術史學家和藝術評論家觀賞——那是「表現肌肉：藝術中的男體」展覽的一部分。《運動畫刊》把這描述為一個機會，讓人們「不再把健美選手看作運動員，而是活在自己創造的作品裡的藝術家。」這場活動大受歡迎，博物館座無虛席，大批觀眾只能席地而坐。

一九七〇年代之初，這個古怪次文化裡的「肌肉怪物」開始被稱為藝術家或藝術品，《洛杉磯時報》和《運動畫刊》那樣的大型刊物也開始發布關於我們的詳實報導，這在當時幾乎難以想像。然而，我們做到了。透過把自己變成健美運動的門面，我終於得以派上用場，以一種能夠把敘事推向共同目標的方式，呈現與解釋這項運動。

到了一九七五或一九七六年，健美已經從次文化發展為文化的一部分。一九七〇年代結束時，從舞者到醫生，每個人都在嘗試重量訓練，為了好看、為了舒服，也為了整體健康。重量訓練成為物理治療與復健的一環。其他領域的運動員也為了獲取競爭優勢，而進行更多重量訓練。結果，健身房在各地如雨後春筍般冒出來。

我認為喬算準了這個局面。正因如此，他一開始才會幫我買機票，讓我安頓下來。他知道我這個拚命三郎一定會為了實現自己的夢想，用盡全力行銷健美，過程中也幫助他實現夢想。

喬．韋德的作為有一個關鍵，倘若你可以理解，就能夠發掘出願景的全部潛能。透過行銷手段，喬讓健美看起來比實際上更重大，其後的每一個決定和每一步，都是為了把這些行銷承諾化為現實。作為一個夢想家、行銷者和自薦者，他告訴全世界，只要讓他繼續做正在做的事，健美運動和他的事業可以走得多遠。他向任何抱有類似夢想的人展示藍圖和目標：如果你想加入讓健美成為主流的志業，你可以成為其中的要角。他所說的確實尚未成真，但這不是謊言。問題只是何時成真，而非是否會成真。如今，健身產業每年的營業額達到一千億美元。

喬領先於他的時代。許多當代最知名的企業家，在不知情的狀況下追隨他的足跡。他的推廣和行銷之道，正是 Airbnb 那類矽谷新創公司成為市值上億美元的「獨角獸」的祕訣。如果公司創辦人只談論自己最初的想法，也就是在飯店房間一位難求的城市，為出差的人提供住宿替代方案，沒有考慮一般人得以在世界各地的居民家中過夜的革命性潛力，Airbnb 不可能變得如此壯大。縱使創辦人說：「嘿，我們準備超越這個想法，我們對於未來可能的發展方向感到興奮！」如果他們沒有明確銷售更遠大的願景，彷彿已經走完一半的創業道路，不會有人上鉤。我早就從喬身上學到這一點了。

我很喜歡一句勵志名言：「看見它，相信它，實現它。」但我覺得中間漏掉一步：解釋它。在實現目標之前，我認為你需要把它表達出來，把它分享出去。你需要讓自己相信，然後向他人傳達，腦海中這個小點子已經開始進化成宏大的夢想，具有改善自己和他人生活的巨大潛力。

就讓他小看你吧

優秀的銷售員都知道，賣出商品並創造終生顧客的關鍵，就是超出顧客的期待，讓他們覺得自己在交易中占了便宜。當你推銷的商品是自己，每次都超越期待的竅門，就是盡可能降低對方的期待。或者，更好的說法是，不用害怕顧客對你抱有很低的期望，因為這樣反而更容易讓他們驚豔，接著順勢推銷你要推銷的東西。

二〇〇三年罷免選舉前兩週，我跟其他四位主要候選人一起參加電視辯論。這是那場瘋狂選戰的關鍵時刻。五百名媒體人員申辦出席現場的證件，場內至少架設了六十台攝影機。全國所有新聞頻道都直播這場辯論，州內每個地方電視台也是。根據那一週的民意調查，三分之二可能投票的選民表示，候選人在這場辯論的表現將大幅左右他們的決定。辯論之前，領先的是民主黨主要候選人，時任加州副州長的克魯茲·布斯塔曼特（Cruz Bustamante）。沒有人知道事態會如何發展，但根據辯論前的報導，似乎每個人都預期我會一敗塗地。

幾週以來，所有問題都繞著我的可靠性打轉。他是個演員耶，真的有料嗎？他是個健美選手耶，會有什麼想法嗎？他真的夠聰明嗎？

他名利雙收，真的在乎我們嗎？他怎麼可能有資格擔任四千萬人的領袖，引導世界第六大經濟體？

實不相瞞：這些質疑真他媽的很傷自尊。自從移居美國，我在每個階段跟領域持續面對這類質疑，而我相信，原因都是同一個：沒人見過像我這樣的人。一九七〇年代，很少有人帶著兩百三十五磅的肌肉在洛杉磯街頭趴趴走。一九八〇年代，好萊塢沒有任何一位動作片英雄，看起來真的可以殺死壞人，也沒有肌肉跟口音一樣重的男主角。我記得第一次參加深夜脫口秀，我答了最簡單的問題，主持人卻驚呼：「你會講話！哦天啊，各位女士，各位先生，他會講話！」大家歡呼鼓譟。當我轉投政壇，同樣的事情再度上演。

跟位高權重或握有影響力的人來往時，若你發現自己面對相似處境，又需要向他們推銷願景，請了解一點：他們雙手奉上大好良機。當你與眾不同，當你獨一無二，沒有人曾遇過像你這樣的人，他們會大大低估你的能力。

不要被自尊牽著走，不要糾正他們。如果你能夠專注於獲勝和實現目標，就可以利用他們的懷疑和低估，不費吹灰之力把對話、採訪或談判導向你想要談論的內容。

任何人都可以運用「橋接」這種溝通技巧來掌控帶有敵意的討論，引導對話的方向，讓局勢對你有利，而非麥克風或是談判桌另一頭的對象。我從已故的詹姆斯．洛里默（James Lorimer）身上認識了橋接技巧，他是我多年的朋友、導師和商業夥伴，也是阿諾體育節的創辦人之一。詹姆斯曾是律師、聯邦調查局特務、地方政治家、保險公司主管、法學教授，以及數本法律教科書的作者。這個男人擅長回答自己想要回答的問題，而不是對方提出的問題。詹姆斯向我指出，那些把麥克風放到你面前，問你一堆問題的人，並不是在幫你。他們有自己的目的，無論是填滿專欄的空間，誘出引人關注的爭議性言論，或者在某些情況下，單純想要害你看起來像個豬頭。

你沒欠他們，也絕對沒義務給出他們認為應得的答案。這是他們的時間，但也是屬於你的。他們有機會塑造對自己有利的敘事，但你也有機會講述自己的故事，推銷你的願景。所以，把握這段時間，抓住這個機會，將對話從他們想要聽到的內容，引導到你為了實現目標所須講述的內容。

詹姆斯教我的做法是：先聆聽對方提出的問題，在回答時藉由接受問題的前提，來與提問者建立共同基礎。一旦透過這個技巧讓他們放下戒心，就立即轉向，重新建構問題，然後把你想說的內容說出來。讓我來示範一下。

「阿諾，你不曾參加任何層級的選舉，怎麼會認為自己有能力治理這個國家最大的州？」

「這是個很好的問題，但還有更好的問題：這個國家最偉大的州，怎麼可以沿著一樣的路繼續走，追隨一樣的政客，即便明知他們就是一開始把我們拖入困境的罪魁禍首？」

這就像柔道，當低估你的人施力，不要抵抗。反之，利用他們的力道，掌握施力的方向，轉身把他們摔到場外。透過橋接技巧，把他們的屁話引導到該去的垃圾堆。

評論家和記者在不自知的狀況下，提出辯論前夕那些居高臨下的問題，反而讓我的順勢橋接變得輕而易舉。與我的候選資格相關的簡單敘事，降低了選民對我的期待，降低我在選民心中成為夠格州長候選人的門檻。到了辯論之夜，我感覺自己只要清醒到場，不要中途睡著，就足以滿足媒體對我的表現期望。

我決定給他們更好的戲碼。當辯論陷入混亂，候選人開始從詭異的V字形講台兩側互相攻擊。我專注於橋接主持人每句引導式提問，以及對手每句尖酸刻薄的評論，抓住機會暢談領導，嫻熟背出某些政策，並且適時開幾個玩笑。雅利安娜・哈芬登（Arianna Huffington）不喜歡我說在《魔鬼終結者 4》裡為她留了一個角色，就像克魯茲・布斯塔曼特也不喜歡被我戲稱為「格雷・戴維斯二代」。我整個晚上的目標，就是讓大家看見我是一個善於傾聽的人、一個有效率的溝通者、一個鬥士，也是一個想把加州人放在首位，藉此回饋國家的愛國者。基本上，我想讓選民看到的是，我跟導致這次罷免的所有人事物完全相反。

我成功了。

辯論前一天，我的支持率約為百分之二十五。僅僅兩週之後的選舉日，我的得票率來到百分之四十八・六，總共四百二十萬張選票，比第二名和第三名的候選人加總多出三十萬張選票。

人們簡直不敢相信。全國各地的媒體在選後寫了很多關於我迅猛崛起的報導。但事實上，我沒有「崛起」。我投入好幾個小時準備，我演練夾雜其中的笑話，一遍又一遍複習談話要點，直到倒背如流。我充分了解對加州未來最重要的政策。簡而言之，我一直待在同樣的位置。當所有人終於抵達我的水平，才意識到他們長期以來低估了什麼。

做你自己，擁有故事，歡喜收割

二〇〇五年十一月十日，我已經擔任加州州長兩年，而我剛剛在一場特別選舉中被打得落花流水。我不顧眾人反對召開那場選舉，目的是向選民提出四項政策，因為我無法透過與立法機構合作，在那些想法上取得進展。如同我在選後議會大廈的記者會上向集結的記者們所說的，當我想要做某件我真心相信的事，我可能會態度強硬，而且缺乏耐心。

那是場艱苦的競選，我們花了很多錢，陷入許多鬥爭，無論檯面上還是私底下。媒體對這些鬥爭的報導並不友善，我的支持率最終降至33％，比小布希在加州的支持率還低。這可不是鬧著玩的。隨著我的連任競選在即，分析家預測，因為錯誤解讀政治局勢，我註定在剩餘任期中陷入窘境。

加州人之所以選我，是為了打破現狀，為了對抗控制議會的特殊利益。如今，他們用選票對我說：「嘿，我們派你上去工作，不是把工作帶給我們。」透過媒體室裡的記者和他們身後的攝影機，我確保加州三千五百萬居民知道我已經清楚接收到他們的訊息。

「我對這次選舉負起全責。」我說：「對於這次失敗，我責無旁貸，責任全都在我。」

我的團隊站在我身後。前一天，我與他們一起進行詳細檢討，深入了解結果，全面掌握數據。那些資料令人沮喪，其中三項提案的敗選幅度超過兩位數。錯不在我的團隊，我也這樣告訴大家。向記者發話之前，我與參議院和眾議院的領導階層閉門進行了數小時早餐會議，端上桌的是各種表達「我早就告訴過你」的言辭，我吞下我該吞的那一份。五個月前宣布召開特別選舉時，我並沒有料想到會以這種方式站在麥克風前，為選舉的結果負責。

試著從我的角度，設身處地想想，那是什麼樣的感覺？站在對手以及最信任我的人們面前，站在整個州、整個國家面前，承認自己錯了。我犯了一個錯誤。我惹惱了很多人，而且錯都在我，與別人無關。

也許你會驚訝，但這實際上一點也不難。當然，為整個選舉結果——如果老實說，其實還包括這場選舉的存在本身——擔起責任，對於一位備受關注的政治人物來說確實少見，但對我來說並不特別。我不會迴避責任。我誠實面對自己是誰，以及自己的所作所為，成敗皆然。面對爭議性的決定或令人不快的事實，然後坦然接受，這不是唯一一次，只不過是最近期的例子。罷免競選期間，有人問我過去是否曾使用大麻。有別於其他政治人物，我沒有拐彎抹角，回答：「有，我吸過。」當記者挖出我在一九八〇年代初的嘉年華期間為《花花公子》（*Playboy*）拍攝的狂野影片，我沒有試圖否認或粉飾太平，只說了：「那是一段美好時光。」因為事實就是如此。

何必說謊？那有什麼意義？人民投票給我，正因為我不是擁有虛偽而無瑕形象的典型政客。我是一個普通人，喜歡做好玩的事。何必假裝那些造就現在的我的事情從未發生？這麼做，只會害我不得不推銷一個連我都不認識的自己。

這是你應該思索的問題：裝成一個不是你的人，價值何在？迴避自己真實的故事，只為了讓別人來講述，有什麼好處？你認為這最終會把你帶到哪裡？我向你保證，你到不了什麼好地方。擁抱自己的身分，擁有自己的故事，哪怕你並不打從心底喜歡它，哪怕它不那麼完美，哪怕你甚至以它為恥。假如你迴避自己的過去，否認自己的故事，試圖讓人們相信另一個版本，即便你的立意良善，到頭來只會讓你看起來像一個騙徒，甚至更糟，像一個政客。

從這個角度思考，對選舉結果負責是一個容易的選擇。而且，如果我仍希望實現當初決定競選州長時對加州抱持的願景，這就是正確而明智之舉。假如我沒有站出來解釋發生了什麼事，為什麼會發生，誰應該對此負責，事態會有什麼轉變，我們將以此為起點往何處前進——如果我不第一時間開誠布公，我的對手和那些站在我面前的記者，都將用他們的方式來解釋、扭曲我的想法，並引述那些願景可能與我相悖的人所說的話。

所以，究竟發生了什麼事？諷刺的是，我沒把故事講好。我未能推銷選票上每個提案的價值，也未能把它們跟我對加州的願景聯繫起來。我未能有效傳達每個提案的核心議題。我為什麼失敗？我的用字遣詞過於激進，我的解釋過於著重技術面。我預設民眾會明白或者學會，因為這些問題很重要，而且大大影響他們的生活。

天哪，我沒弄清自己的顧客是誰。我需要說服的中立選民根本看不出這些問題與他們的生活有何關聯。教師任期、州政府支出限制、工會會費和政治獻金，就連重劃選區的改革都沒能讓他們產生共鳴。在這項議題上，我過度著重重劃選區的機制，而忽略了改革背後的理念：從政客手中奪回權力，讓加州選區更精準反映人民的生活方式。

說白話點，我在名為議題的桶子裡，裝滿當時加州人根本沒興趣蹚的渾水。我錯了，我再也不會對人民做出這樣的事。我再也不會請人民解決身為州長的我跟立法機構之間的爭端。往後，我們會找出雙方可以合作的事項，然後專注在這些領域通過法案。這就是我在記者會上向人民做出的承諾，後來也確實說到做到。

不相信嗎？讓我告訴你往後幾年的發展。接下來的一年裡，立法機構跟我合作無間。我們成就了令人驚嘆的建設性會期，催生《第32號法案》（*AB 32*），這項里程碑式的環境法案，目標是在二〇二〇年之前，讓溫室氣體排放量減少百分之二十五；《百萬太陽能屋頂法案》（*SB 1*）是有史以來最具雄心的太陽能政策；斥資五百億美元的基礎設施方案，旨在重建加州的道路、高速公路、橋梁、教室、堤壩、經濟適用住宅，以及鐵路系統等等。你知道把這套基礎設施方案推銷給人民的關鍵是什麼嗎？我在二〇〇五年學到教訓，於是很少單獨使用「基礎設施」這樣的技術性詞彙。反之，我說我們需要修復老舊道路，並且鋪設新的道路，爸爸媽媽才不會塞在車陣中，錯過孩子們的足球練習。我說我們需要修復橋梁和鐵路，方便人們在需要的時候購買需要的物品。我告訴加州選民，移動人員和貨物的速度愈快，我們就愈能藉此提升經濟實力。我不再談論加州選區政策的腐敗與不公，而是向選民解釋我希望從政客手中奪回權力，還政於民。我用與民眾生活息息相關的語彙來講述我的故事。到了二〇〇六年六月，我以比二〇〇二年更高的得票率和更多的總票數——分別是百分之五十五．九和四百八十五萬——連任加州州長。

試想我若沒有召開那次選後記者會，如果我龜縮在辦公室，拒絕跟人交談或發表評論，會有後來的勝選嗎？拒絕道歉和逃避收拾爛攤子會讓我變成一個典型的政客，這跟選民選我當州長時想要的完全相反。更糟糕的是，這將給每家報導這場選舉的媒體絕對的自主權，把他們的故事版本呈現給大眾。無庸置疑，那些故事會很可怕，像是：「阿諾只用兩年時間，就成為問題的一部分——又多了一個冷酷、傲慢、脫離現實的政客。」光是想像，我的腦海就冒出一些尖酸的標題：終結者被選民終結。動作 HERO 淪為動作 ZERO。後會有期，魔鬼州長。

好在，這樣的標題全都沒出現。後續的報導跟二〇〇三年州長辯論和罷免選舉的報導大異其趣，震驚或意外的氣息全無，沒有充滿八卦或虛假的言辭。真要說的話，二〇〇五年的報導堪稱無聊。就事論事，近乎無趣，就只是典型的政治分析和評論而已。這都是因為我做了一個選擇，而你也可以做選擇，擁有自己的故事，用自己的話語來撰寫。

特別選舉過後的兩天，預測我垮台的分析師認為，民主黨控制的立法機構絕對不會考慮跟這個看起來大勢已去的共和黨州長合作。至於我會在不到八個月後以壓倒性優勢連任……嗯，聽起來簡直是科幻片的情節。然而，事實證明，這是真實故事。

沒有什麼比真誠之人說的真實故事更好行銷，尤其當故事主角就是敘事者本人。這不只適用於勝選或登上雜誌，如果你試圖從老闆那裡爭取加薪，引起感興趣的人關注，或在從軍時得到家人的祝福，道理都是一樣的。無論你的夢想或目的為何，你都在推銷自己，推銷你試圖創造的生活。你可以坦蕩蕩用自己的話語來講述這個故事，或者讓別人代勞，任他們以你為代價收割成果。

現在聽來可能有點可怕，但我保證你能做到。我已經上了年紀，遇過來自世界各地許多快樂又成功的人，有名滿天下的人，有權有勢的人，饒富趣味、有創意的人，普通、善良、勤奮的人。他們的共同點是：從不讓別人書寫他們的故事。他們比任何人都知道如何推銷自己的願景。因為抱持這份自知與自信，他們能夠帶著平靜的心靈，在這個世界闖蕩。

RULE

5

舉重精神：
肩膀還在，就撐得起來

二〇二〇年三月，我跟多數人一樣，困在家裡，盯著電視新聞，關注席捲全球、剛剛封閉美國大部分地區的致命病毒。疫情初期，我們一遍又一遍聽到美國總統和加州州長表示，我們沒有足夠的呼吸器、口罩，以及其他個人防護裝備可供醫護人員與急救人員使用。他們說，戰略儲備裡有一些物資，但很快就會耗盡。要獲取足夠的個人防護裝備以滿足日益增長的需求，可能費時數週，甚至幾個月。至於呼吸器，連預估的時程表都沒有。

我不敢相信自己的耳朵。這簡直荒天下之大謬。美國是全球人口第三多的國家，也是全球最大經濟體，怎麼會拿不到足夠的口罩？根本說不過去啊。

我在過去幾年曾以病患或政治人物的身分，跟洛杉磯的某些醫院有過往來。我致電這些醫院，包括加州大學洛杉磯醫學中心、錫達西奈醫院、馬丁·路德·金社區醫院、南加州大學凱克醫學中心，以及聖莫尼卡醫學中心，然後向管理人員探詢當下的狀況。所有醫院都為了取得個人防護裝備忙到焦頭爛額，其中幾間甚至請醫生和護理師把口罩帶回家清洗，下一次輪班再帶來繼續佩戴。其他醫院也幾乎要走到這一步，只能冀望州政府在此之前伸出援手。

這令我心寒。二〇〇六年亞洲爆發禽流感的時候，我為加州撥了超過兩億美元的款項，建立醫療用品和設備的戰略儲備，名為「健康增援能力計劃」，以備遭遇當前這種疫情的不時之需。其中包括五千萬片N95口罩、近兩千五百台呼吸器、搭建足球場大小的移動醫院所需的一切設備，以及維護庫存的資金。但是，五年之後，在預算緊縮的情況下，我的繼任者為了每年節省幾百萬美元的開支而中止對這份儲備的金援。最終，因為沒有額外資金來維護，所有口罩和呼吸器——甚至包括贈送給當地醫院的那些——都變得無法使用。

疫情才剛剛開始，我們的戰略儲備本來可以輕鬆滿足所有醫院的需求，如今卻淪落至此。全國第二大城市的醫院管理者尋求全國最大州的領導，後者又尋求歷史上最富有的國家的領導，但所有人都對現況一籌莫展。難怪人民會痛恨政客。難道他們之中沒人聽過開放市場嗎？我暗自想，其實可以上阿里巴巴網站，從中國工廠訂購一千萬片口罩，或者致電那些專門在全球大量採購口罩這類商品的大型物流公司。

這種無能徹底把我逼瘋。儘管如此，我沒有公開發表任何評論，也沒有公然指責任何領導人。首先，我曾經身處他們的位置，所以知道旁觀者看來顯而易見的危機解決方案往往比外表複雜。但更重要的是，我有一個原則：若沒有準備好要採取改善的行動，就不要抱怨。如果你看到一個問題，卻沒有端出可能的解決方案，那我不想聽到你抱怨情況有多糟。倘若當下的情況沒能刺激你做出修復的嘗試，照理說不可能糟到哪裡去。

話說回來，抱怨何曾讓人更接近目標？你只能透過努力讓夢想成真，而不是藉由抱怨將其化為現實。此外，問題和逆境是每個人旅途中必經的部分，無論你的願景是什麼，困頓掙扎都在所難免。無論是這些艱難時刻，或是讓你煩到不行的事，你都必須學會如何處理。你必須擅長換檔，找到事物的光明面。你必須學會如何重新建構失敗，並了解自己承擔的風險。直面問題，而非抱怨，會給你訓練這些技能的機會。

在這個例子裡，面對口罩短缺的問題，我意識到換檔——從一邊看新聞，一邊向魯魯和威士忌（我的驢子和迷你馬）發牢騷，轉而解決這些廢柴政客製造的問題——其實給了我一個機會，執行當下人生階段的願景，也就是盡可能幫助最多人。

我打電話給我的幕僚長，他的妻子受僱於前面提到的那種物流公司。我說：「打給她，看我們能否做點什麼來幫助這些人。」

那天下午，我們聯繫到一個人，而且物流公司飛協博已經跟一位嘗試解決這個問題的人合作，成立名為「前線回應基金」的募款活動。飛協博的代表說他們已經投入一些資金，如果我們想加入，那就更理想了。他們在中國掌握數百萬片口罩和各種形式的個人防護裝備，正準備運往美國，唯一的問題是我們準備購買幾百萬片。

我的第一個想法是：我們的總統或州長，或是任何一個參議員，怎麼會不知道這件事？你原本以為，他們至少要假裝自己把腦子放在局勢中，而不是塞在屁股裡。然後我阻止自己，沒有時間發牢騷了。我不能冒這個風險，不能讓我對體制失靈的沮喪，妨礙我尋找問題的解方。

我的第二個想法是：我要如何以最快的速度，把一百萬美元送到這些人手上？我們又能如何在最短時間內，把口罩送達我聯繫過的每個地方醫院？飛協博說，物資將在三天內抵達美國，每家醫院都將配有數箱個人防護裝備。我立刻打電話到辦公室，請他們當天就捐一百萬美元到「前線回應基金」。那個週末，裝滿數十萬片口罩的貨箱已在送往醫院的途中。

換檔，找到陽光面

社會科學家到最近才搞清楚，為何人類對負面事物的反應似乎強過對正面事物的反應。我們點擊負面圖像和新聞的次數比正面的多。我們花費更多精力擔憂負面結果，而非期盼正面結果。比起關於正面情緒的描述，我們甚至有更多用以描述負面情緒的詞彙。這種現象有一個名字：負面偏誤（negativity bias）。科學家說，這可能是一種生存機制。那些不擔心可能導致疾病或死亡的事情，反而更關注愉快經歷的祖先，已經被大量淘汰，因此，歷經人類演化的六百萬年，我們讓自己變得對負面影響更為敏感。我們從遠古繼承的許多偏誤已經不如從前有用，這無疑是其中之一。

仔細想想，這講得通，但老實說，負面偏誤對我的人生毫無用處。對我來說，專注於負面是在浪費時間，因為我不只要活，還要活得精彩。我希望你也能活得精彩。正因如此，我們都要更善於擁抱當下，改變視角，找到任何處境的正面意涵。

我知道這對某些人來說比較困難。我很幸運；我一直以來都是如此，打從有記憶以來就是。我的每個朋友都會告訴你，我最大的特點就是不管做什麼，都能從中找到喜悅。正能量讓我的生活變得更好，就是這麼簡單。我知道正能量也能讓你的生活變得更好，甚至可能救你一命。任何一個優秀的腫瘤學家都會告訴你，患者的態度積極正向，病情就會朝正面發展。我知道這聽起來有點像童話思維，但是癌症醫生比任何人都了解，如果你認為自己無力影響處境，那麼你是對的。反之，如果你相信自己可以戰勝困境——不只在困境中倖存，還因為困境而強大——你也是對的。

我常常思考，如果我不是一個正面積極的人，如果我對於在塔爾的成長過程有不同回應，我的人生會有多麼不同。在青年時期從軍前，我洗澡沒有熱水，吃飯沒有肉配。每天早晨的例行公事包括打水和劈柴，這在冬天異常勞苦，而父親對此沒有一絲同情，因為他的童年更加嚴酷。古斯塔夫・史瓦辛格（Gustav Schwarzenegger）家裡沒有免費的通行證，更沒有免費的餐點。我每天早上都要做兩百下深蹲來「賺取」早餐，沒有什麼比空著肚子上上下下更能增加食慾了。

這一切不適和吃力不討好的勞動可能粉碎我的意志，讓雜誌與新聞裡的美國顯得遙不可及。這也可能磨滅我眺望遠方的本能。家裡當然沒有鼓勵我去思索奧地利東南部山區以外的生活，警局有份不錯的工作在等著我退伍。我的父親心想：別人可不像你這麼幸運啊。對於健美，他既不理解，也不認同，他覺得那是自戀加自私。他會對我說：「幹嘛不去劈柴？那樣也可以變壯，而且至少有為別人做點事。」有時下班後，他會喝得醉醺醺回家，對我們施暴。那些夜晚真的非常難熬。

我大可放任自己鑽牛角尖，但我選擇看到光明面。我總是做這個選擇——意識到父親在多數日子裡是個好爸爸，而母親是最棒的媽媽。當時的生活並不令人興奮，也算不上好過，至少以現代標準來說算不上，但那總歸是好日子。我在這段日子裡學到很多，找到熱情、目標，以及最初的良師益友。

就算面對無可否認的壞事，我選擇記得這些事扮演了重大角色，驅使我逃脫、追尋，最終成為今天的我。倘若我的童年稍微好一點，也許你現在不會捧著這本書。倘若我的童年稍微糟一點，也許你現在也不會捧著這本書，因為我很有可能像我哥一樣，陷入酗酒的泥淖。

他在一九七一年因為酒駕事故賠上性命。

我的成長經歷惠我良多。我為了這樣的經歷而生，也被這樣的經歷形塑。倘若沒有這些經驗，我不會是現在的我。對此，斯多噶學派有一個說法：amor fati（命運之愛）。偉大的斯多噶哲學家，曾經當過奴隸的愛比克泰德（Epictetus）說：「不要期望事情依照你想要的方式發生。反之，要希望事情依照原本發生的方式發生。這樣你就會快樂。」

尼采也談到這一點。他說：「人類偉大的準則就是命運之愛：一個人想要的與現狀沒有任何不同，不用往前，不用往後，永遠都不用變動。面對必然，不只是承受……還要去愛。」

要達到這樣的境界，需要一些努力。人類的本能不是直面逆境與不悅，然後心想：「沒錯，這就是我需要的，這就是我想要的。我太享受了。」諷刺的是，天生的負面偏誤，讓我們把心思放在世上發生的所有壞事，但當困難上門，我們卻只想逃避、否認、視而不見。如果行不通，我們只會怨天尤人。這種情況出現在所有人身上。事無大小，我們隨時在犯這樣的錯。

每當我發現自己深陷糟糕透頂的處境，感覺怨言即將湧上心頭，我會停下來，深呼吸，告訴自己：是時候換檔了。我真的會對自己說話，提醒自己在當下的情況中尋找光明面。

二〇一八年三月，我陷入最糟糕的處境：術後重症監護病房。那本該是「微創」瓣膜置換手術，結果卻演變成一場全開式心臟手術。手術過程中，外科醫生不小心穿破我的心臟壁，所以他們不得不立刻打開我的胸腔，修復損傷，然後以傳統的方式替換瓣膜。

要是一切正常，我本該在幾天內出院，再過幾天，就能像什麼都沒發生一樣四處遊走。這就是我決定在那個時候做手術的原因。幾週前，我見了一位前幾日剛剛做完相同手術的九十歲老人，他看起來就像去了一趟水療中心。我覺得時機非常完美。我知道自己需要更換瓣膜，這種瓣膜的使用壽命是十到十二年，它最初在一九九七年植入，那是我第一次做心臟手術，修復了所謂的二尖瓣主動脈瓣，一種產前出現的心臟缺陷。有些人可能終生沒有症狀，對另一些人來說卻可能致命。我的母親就在隔年因此去世。我一直在推遲瓣膜置換手術，一來因為我很忙，二來因為我聽說心臟手術仍然是一個大麻煩。現在他們跟我說，這幾乎就像關節鏡手術，而這正是我需要的，因為我在幾個月後就必須前往布達佩斯，開始進行《魔鬼終結者：黑暗宿命》拍攝工作。原定計劃是：搞定手術，休息一週，然後回到健身房為開拍做準備。

然後，我醒來了。醫生俯身看著我，我的喉嚨裡插著呼吸管。「對不起，阿諾。」醫生說：「出了一些麻煩，我們必須切開你的胸腔。」

醫生解釋情況的時候，很多想法和情緒在我的腦中打轉。我感到害怕，因為他們差點把我殺了。我感到憤怒，因為這會成為電影製作的一大問題。我感到沮喪，因為我還記得第一次開胸手術後，為了讓身體狀態恢復到百分之百所付出的努力，當時的我甚至比現在年輕二十一歲。當醫生說我至少要住院一週，而且出院後至少一個月不能進行任何形式的重量訓練，我也感到有些憂鬱。出院的條件，是我能在不刺激肺部的狀況下深呼吸、獨力行走，並且在不需旁人協助出入廁所的狀況下自行排便——我稱之為「宣告勝利」。

我讓這些情緒在腦中滯留一陣子。醫生離開病房後，我對自己說：「好了，阿諾，這不是你想要的，但你還活著。就在這裡換檔吧。現在你有一個目標，就是離開這個地方。你還有一個任務，就是完成所有訓練，取得能夠讓自己出院的成效。動起來的時候到了。」

我按下床頭的呼叫鈕，一名護理師走進來。我請她擦掉牆上白板的部分內容，幫我寫上「呼吸」和「行走」，並在它們下方畫一條線。每當我完成一次呼吸訓練，或者走了一些路，抵達目標地點——大廳盡頭，繞過護理站，或是電梯——我就請她在白板畫上一個標記。我打算把這個過程視為當年在格拉茨做的訓練，或是為電影和演講所做的準備。這是對我有效的系統，我知道該怎麼做。此外，這讓我得以透過視覺追蹤自己的進度，進而增強信心，建立動能。這也代表我不必多想，可以把所有心靈力量拿來忽略肺部的燒灼感；當我把呼吸設備放在嘴裡吸氣吐氣，它看起來就像燒杯和貓玩具的綜合體。我不必揣測自己有沒有進步，能夠專注於啟動腿部、手臂以及背部的肌肉。當我沿著醫院的長廊走，先是使用助行器，接著使用拐杖，最後只需要掛著連接胸腔引流袋的點滴架。

我比預期提早一大「宣告勝利」，在加護病房待了六天就回家。術後一個月——老實說，也許提早了一兩天——我就進入家裡的健身房，把點滴支架放在身邊，仍連接著胸腔的引流管垂掛在滑輪下拉機的桿子上。我做了幾組沒有負重的動作，試圖喚醒肌肉。一個月之後，我開始在每次訓練都增加重量，先是二十磅，然後四十磅、六十磅，以此類推。再過一個月之後，我搭飛機前往布達佩斯，電影如期開拍。

我不常講述這個故事，但當我說起的時候，很多人都問我有沒有因為差點被手術害死而控告醫生。每次我都感到驚訝，因為我從沒這樣想過。錯誤在所難免。事實上，我事先就知道這種類型的手術很可能出錯。演員比爾．帕克斯頓（Bill Paxton）就在前一年於同一間醫院進行類似的瓣膜置換手術時，因併發症去世。正因如此，我告訴醫院管理人員，開胸手術團隊要全程在場，不然我就不做手術。姑且不說這個，也姑且不說我對這樣的可能性有所準備，這些醫生也是人，他們已經盡了全力。別忘了，他們救了我一命。告他們有什麼意義？

這不會改變已經發生的事。除了律師，誰會從中獲益？如果這件事以一場官司作結，我們之中又有誰能獲取任何正面的東西？

知名奧地利心理學家，也是納粹大屠殺的倖存者維克多・弗蘭克（Viktor Frankl）曾說：「你無法控制生命中發生在你身上的事，但面對發生在你身上的事，你始終可以控制自己的感受與行為。」所以，我想要在此問你一些問題：你每週花幾個小時抱怨那些發生在你身上，但超出你掌控範圍的事？你花了多少時間擔憂那些可能發生，但根本無從預測或阻止的事？你每天花幾分鐘閱讀那些讓你惱怒，但其實跟你的生活無關的社群媒體文章？曾經有多少次，你在塞車時發怒，然後把負面情緒帶進辦公室、教室或家門？我們剛在上一章討論了你的每日行程有多滿，你需要保護每週僅有的幾個寶貴時數，來完成實現願景的工作。屈服於負面情緒，就等於允許這些事情盜走時間，從你的身上、從你的夢想，以及從需要你領導的身邊人，無論是你的家人、你的校隊、你在職場的專案小組，或是你服務的單位。

但你可以把那些時間搶回來。你可以給這些時間新的用途，也可以增加這些時間的產出。你可以將負面的處境轉化為正面的體驗。第一步就是在開始抱怨時攔截自己，然後說服自己換檔，尋找事物的美好之處。如果你能把喜悅置於嫉妒之上，把快樂置於仇恨之上，把愛置於恨之上，把正面置於負面之上，你就掌握了充分利用任何處境的工具，即使身陷宛若失敗的處境。

失敗值得冒險，也值得擁抱

常有人跟我說：「阿諾，我沒有達到預設的目標，怎麼辦？」他們也說：「阿諾，我約喜歡的人出去，但被拒絕了。」或者：「我這週沒能得到想要的升遷，現在該怎麼做？」

我給的答案很簡單：從錯誤中學習，然後大聲宣告：「我會回來。」

這往往就是人們所需要的終極建議。他們只不過有點害怕，或者有些絕望，需要一些鼓勵來幫助自己重回正軌。然而，還有另一種人，他們抱怨生活不公，只因為想要的事情並沒有恰好在想要的時候發生。他們不會想到，是自己沒有付出足夠的努力來實現想要的結果，因為這樣想太痛苦了。

我說這些，不是為了批判；我也曾親身經歷。一九六八年敗給法蘭克・贊恩之後，我如喪考妣。賽後，我整晚窩在飯店房間哭泣，感覺天都塌下來了。我懷疑自己幹嘛要來美國。我遠離父母，遠離朋友，我不會講英語，我在邁阿密沒有認識半個人。我孤苦伶仃，為了什麼？為了輸給一個身形比我小的傢伙？

我為了自己的失敗怪天怪地，怪東怪西，怪評判不公。評審偏袒法蘭克，因為他是美國人。從倫敦出發並在幾天前吃了機場的爛食物，對我的身體和訓練產生負面影響。這個失敗對我來說過於痛苦，讓我無法看著鏡子，承認自己沒有為勝利付出足夠努力，承認這是我的錯。

隔天吃早餐的時候，喬．韋德邀我去洛杉磯。與金牌健身房的夥伴們一起訓練幾週之後，我終於看見法蘭克跟我之間的差異，甘願承認他贏得堂堂正正。我的肌肉線條不夠清晰，不只相較於法蘭克，也相較於每個跟我一起訓練的美國夥伴。我比他們壯碩，身材也更為勻稱，但他們做了某些我沒做的事，讓肌肉線條格外清晰。如果我想成為舉世無雙，就必須搞清楚他們做了什麼，然後效法。於是，在聖莫尼卡找到新的公寓之後，我立刻邀請法蘭克同住，這樣就可以跟他一起訓練，從他身上學個一招半式。值得讚許的是，他大方接受我的邀請。他跟我住了一個月，我們每天一起在金牌健身房訓練。他向我展示那些強化肌肉線條的動作，此後，他再也沒有贏過我。

讓我講明一件事，對象是所有失敗過的人，也就是每一個人：失敗不會要人命。我知道這是陳腔濫調，但關於失敗的一切正面言論早已成為陳腔濫調，因為我們都知道那是真理。每個取得足以自豪的成就並受到社會尊敬的人都會告訴你，他們從失敗學到的東西比從成功學到的多。他們會告訴你，失敗不是終點。他們是對的。

真要說起來，若以正確的視角看待，失敗其實是可衡量的成功之始，因為失敗只會在你試圖完成有價值的難事時發生。不嘗試，就不會失敗。從這個角度看，失敗有點像是追夢路上的進度報告。它顯示你走了多遠，提醒你還有多遠要走，還要付出多少心力。這是一個良機，讓你從錯誤中學習、精進自己的做法，然後以更強大的姿態東山再起。

我在年少時期，在為比賽訓練的健身房裡第一次領悟這個道理，一如我所獲取的許多智慧。重訓的美妙之處，在於把失敗融入日常訓練。有時我們忘了，重訓的主要目標就是把肌肉操到力竭的失敗狀態。當你無法完成最後一組，或者放下重量之前無法將肘部打直，也許會感到一絲沮喪，但是必須記住，你在那組舉重上的失敗並不代表你輸了。事實上，這代表你做了一回很好的訓練。你的肌肉被操到力竭，這表示你有把工作做好。

在健身房裡，力竭不等於失敗，反而是成功的體現。這也是我樂於在所做的一切事物之中，挑戰極限的原因。在你參與的遊戲中，如果失敗帶有正面意涵，探尋自身能力的極限就沒那麼可怕了，無論這場遊戲是講英語、演出大電影，還是解決重大社會問題。而且，你還能在找到這些極限之後，透過成長超越極限。然而，做到這點的唯一方法，是以反覆失敗的風險不斷試煉自己。

舉重比賽就是這樣設計的。選手在傳統比賽中有三次舉重機會。

第一次舉重是囊中物，是你以前舉過的重量，是舒適圈裡的重量。第一次舉重的目的，是讓你站穩腳步，消除緊張情緒，確保自己做好一次舉重。第二次舉重有一點挑戰性，舉的是接近個人最高紀錄的重量，目的是給競爭對手施加壓力。也許你最終不會贏下比賽，但至少你在離開賽場的時候，知道自己達到以往的極限。在第三次舉重中，你試圖舉起自己不曾舉過的重量，嘗試開闢新的領域——為了身為舉重選手的自己，也為了這項運動的發展。選手通常透過最後一次舉重打破紀錄並贏取勝利，但也常在這裡失敗。身為舉重選手的我，曾經十度在最後一舉嘗試舉起五百磅時失敗。這個數字在當時是聞所未聞的。當我終於做到，臥推五百磅變得愈來愈容易，最後成功把個人紀錄推進到五百二十五磅。

第三次舉重就是在現實世界追夢的微觀模型，很艱難，也很陌生。人們會觀察、評判你，失敗也確實可能發生。某些時候，失敗甚至是不可避免的。然而，實現願景的過程，你該擔心的並非失敗，而是放棄。失敗從未扼殺夢想；放棄則會毀滅每一個夢想。所有破世界紀錄、成功創業、獲得電玩最高分，或者實現任何難事的人，都不會半途而廢。他們踩著無數次失敗，走到現在的位置。他們以毅力克服失敗，積極吸取失敗帶來的經驗，從而攀上職業巔峰，發明改變世界的產品，實現最瘋狂的願景。

以發明潤滑劑 WD-40 的化學家為例。WD-40 全名是「隔水劑，第 40 個配方」（Water Displacement, 40th Formula），這個名稱來自化學家的實驗室紀錄，代表他之前嘗試的三十九個配方都失敗了。他從每一個失敗中記取教訓，然後在第四十次嘗試成功。

湯瑪斯・愛迪生堪稱從失敗中學習的傳奇，他甚至拒絕稱失敗為失敗。舉個例子，愛迪生跟他的團隊在一八九〇年代，試圖開發鎳鐵電池。他們花了大約半年的時間，做出超過九千個原型，全都失敗。

當愛迪生的一名助手表示，很遺憾團隊未能取得有望的結果，愛迪生反駁：「不對吧，兄弟，我們明明得到很多結果。我現在知道幾千種行不通的做法。」這就是愛迪生身為一名科學家、發明家和生意人看待世界的方式。正因為擁有這種積極進取的心態，並懂得用絕妙的方式重新建構失敗，愛迪生幾乎早了十年發明燈泡，並在去世前獲得數千項專利。

當你思索自己想要做到的事，或想在世上留下的印記，記住，你的任務不是避免失敗，也不是自找失敗。你的任務，是為了追求只屬於你的願景，拚盡全力並擁抱必將到來的失敗。最後一組重訓菜單總是最痛苦的，但也是成功的信號，代表我們距離目標達成更近一步。同理，失敗指引了我們下一步應該邁向何方，或者，如愛迪生所說，指引我們下一步不應該邁向何方。正因如此，失敗值得冒險，也值得擁抱。失敗告訴你哪些方法行不通，將你導向行得通的方法。

我個人把作為州長取得的諸多成功，包括連任，都歸功於從二〇〇五年特別選舉失敗中所記取的教訓，並把這些教訓當作下一步行動的指南。選民讓我知道，把自己與立法機構之間的分歧帶到他們面前，是一個嚴重的錯誤。選民也讓我知道，以技術官僚或政策專家的方式講話，而不是像一個普通人或者他們選出來的素人政治家，無法讓大眾產生共鳴。加州選民要說的是，如果我想做些什麼，就絕不能再採取這些方法。他們透過選票，要求我用簡單的英語解釋，指引我走向對手，告訴我問題的解方就在那裡。

於是，我聽從他們的意見。選後，我邀請來自立法機構兩院的兩黨領導人登上我的飛機，一起飛往華盛頓特區，與加州全體國會代表會面，討論如何給人民更好的服務。往返共計十個小時，我們在美國上方四萬英尺的高空，一起坐在狹小的空間裡，不是作為政治上的對手，而是擁有共同目標的公僕：幫助加州居民過上更幸福、更富裕、更健康的生活。當我們在幾天之後返家，不少跨黨派倡議的框架已經被勾勒出來。

倘若我無視二〇〇五年的教訓，倘若我選擇抱怨特別選舉的結果，倘若我詆毀對手，而非一反政治常態，為自己的政策失誤負責，這些事情不太可能完成，我在一年之後也絕不可能連任。我有幸取得的這些成功，都是從失敗中記取教訓的直接結果，絕非誇大其辭。

無視現狀，打破規則

一九七二年，喜劇演員喬治・卡林（George Carlin）發行一張名為《班級小丑》（*Class Clown*）的喜劇專輯，其中一段表演成了喜劇史經典。這段表演名為「絕對不能在電視上說的七個字」，是關於美國電視節目上不能說的七個下流詞彙的長段調侃。

史瓦辛格家裡也有七個不能說的字：「以往都是這樣做」。我一聽到這句就會火冒三丈。人們對自己不理解的新事物說不，然後用這句話來合理化，讓我很不爽。但真正讓我氣炸的是，正在嘗試新東西的人被迫接受這七字現狀，不得不放棄。這讓我想要再次化身《魔鬼司令》的主角，狂轟濫炸。

追求偉大的願景時，遭遇阻力是意料之中的事。缺乏遠見的人會受到擁有遠見的人威脅。他們的本能是舉起雙手說：「不，等等，慢一點吧。」他們不像典型的唱衰者那樣認為你做不到，而是認為根本不該做。新想法讓他們害怕，大計劃令他們生畏。面對打破常規或興風作浪的人，他們感到不自在。出於某種原因，他們比較喜歡那些不加質疑就接受慣常做法的人。

顯然，我不是那種人，我猜你也不是。我整個人生都在練習以不同於以往的方式行事。身為健美選手，我一天做兩次全套訓練，不像其他人只做一次。身為演員，我沒聽製作人的建議，去跑電視或電影龍套，一心追求領銜主演。身為政治家，我沒有聽從黨派領袖和權力中心的指示去競選市議員、市長或州參議員，我直接選州長。我的願景，打從一開始就是成為最好的健美選手，成為頂級明星，然後盡可能幫助最多人。不等有朝一日，不是終究會做到，而是盡快實現。我的計劃容不下委曲求全、攀爬隱形階梯，或是等待許可。

我在人生各階段遇到的守門人、權力掮客和現狀維護者都不樂見其成。比興風作浪的意願更讓他們困擾的是，我不聽他們抱怨，也不在乎他們困不困擾。

這在我的州長任期尤其明顯。我在沙加緬度打破了許多規則，最不爽的莫過於我黨內的人。當我聘請民主黨的蘇珊・甘迺迪（Susan Kennedy）擔任幕僚長，他們的反應好似我剛剛把狐狸放進雞窩。有個共和黨議員擔憂到直接走進我的辦公室，坐在我座椅旁的沙發，環視房間，就像卡通裡不懷好意的反派角色，然後在我耳邊低語說蘇珊・甘迺迪是同性戀，一副提出警告的模樣。當然，我早就知道了，那又怎樣？

「但你知道她燒過胸罩嗎？」他說，顯然認為這個消息有助於勸我改變主意。

「所以呢？」我說：「我又用不到胸罩。」

然而，與共和黨內部人士對我任命法官的反應相比——其中半數來自民主黨——這算小巫見大巫。從他們的反應評斷，你可能會以為我一邊褻瀆亞伯拉罕・林肯的墳墓，一邊咒罵隆納・雷根。無論州長還是總統，多數政治人物任命法官時，都會從自己的黨派中挑選，幾乎沒有例外。我跟我的人馬說，我們不會依樣畫葫蘆。我請他們寄來最佳候選人的資料，並且不要在簡報中附上候選人所屬的政黨。為什麼？因為我向選民承諾，我會成為新型態公僕，而非老套的黨派工具。我要選賢與能。結果就是一半來自民主黨，一半來自共和黨。我覺得很公平，也很有代表性。

二〇一二年，我在南加大史瓦辛格機構開幕式講述這個故事。這個智庫致力於兩黨合作，將人民置於政治之上，完整使命基本上就是無視現狀，打破規則。我向觀眾敘述，沙加緬度的黨派人士無法理解我的思維，而且無法忍受被我無視。然後我解釋，如果說我從競選和執政中學到一件事，那就是舊的做法行不通。一直以來都是這麼做的……於是不會有任何進展。現狀沒有嘉惠人民（這就是人們一開始選我的原因），而我的使命是盡己所能，為所有人服務，所以我樂於打破妨礙進步、變革和改善加州的規則。

從政治上來看，這不會讓我的工作更容易。但在特別選舉之後，我的心態是不再顧慮現狀，也不再理會那些執著於往常做法的人。反之，我專注於與人們建立運作順暢的關係，在沙加緬度、華盛頓，有時甚至是全球各地。這些人跟我一樣，厭倦舊規則，只想把事情做好。至於其他人，我想說的是：加入我們，不然就讓開。如果都不想要，那就等著被繞過或輾過吧。

以這種方法實現終極願景，是否存在風險？有可能。但我們談的是你的人生，你的夢想，不是其他人的。我的論點是：為了讓夢想成真，並創造自己想要的生活，冒險是值得的。

風險是相對的

如果你是一個害怕風險的人——相信我，我懂——以我們重新建構失敗的方式重新建構風險，也許會有幫助。對我來說，風險不是真的，它畢竟不是你可以抓住或依憑的東西。每個人對風險下的定義都不一樣：它是移動的標靶，它是虛構的，它是人的感知。

我們各自評估選擇，權衡成功的機率跟失敗的後果，得出的結論就叫風險，說穿了不過如此。如果你認為某事的成功機率很低，失敗的後果卻非常嚴重，得出的結論就是這個選擇的風險很高。倘若情況相反，成功的機率很大，而失敗的代價不高，那這個選擇似乎毫無風險。然而，其實沒那麼簡單，因為還要考量成功的好處。如果好處不夠大，有時即使風險很小，也不值得去做。反之，當好處夠大（論及夢想往往如此），縱使明知某事從技術上來說風險極高，依然值得賭一把。事實上，當你足夠渴望某件事，而且這件事對你來說意義也夠大，你就必須放手一搏，不管什麼風險不風險。你必須承認，老生常談有時飽含真理：不入虎穴，焉得虎子。

看看攀岩運動家艾力克斯・哈諾（Alex Honnold）。當他在二〇一七年首次徒手獨攀優勝美地國家公園的酋長岩（El Capitan），許多人認為他徹底瘋了，認為他想尋死。然而，這趟攀登的紀錄片在一年後上映，並且贏得奧斯卡獎，功成名就的他簽下許多代言合約。突然之間，大家不再討論他多瘋了。名聲與金錢到來之前，他是少根筋、大膽妄為的莽漢；名聲與金錢到來之後，他成了深思熟慮、經驗豐富的攀岩者。他是勤奮的專業人士，環遊世界，待在大自然中就能拿到酬勞。他不再是壞榜樣，而是鼓舞人心的力量。

當然，這並非哈諾的看法，而是其他人的看法。看了紀錄片並讀了他的採訪之後，人們對哈諾成功機率的看法大變，失敗的後果（也就是受傷或死亡）被成功的好處淡化。哈諾沒有變，跟我們聽聞他名聲之前一模一樣，唯一改變的是我們對他的了解程度。

諷刺的是，儘管在我們眼裡，哈諾攀岩的風險降低了，他本人卻可能覺得風險提升了。並不是因為攀登成功的機率變低——真要說的話，成功機率會隨著經驗增加而提升——而是因為失敗的負面後果，對他來說變嚴重了。受傷或死亡，是哈諾進行徒手獨攀時始終存在的因素，然而，現在他有了愛他的妻女，還有仰賴他的基金會，可能失去的更多了。

對我來說，這向來是考量風險時真正的問題：有什麼可以失去？我一直以來的風險承受能力非常高，因此做了許多人們認為不太可能，甚至根本不可能的事。因為在早年的多數時間裡，我沒有太多可以失去。隨著年歲增長和成就累積，嘗試新事物的時候，我知道如何在失敗的情況下，將傷害減到最小。

考量到我的成長歷程——在格拉茨投入長時間健身，搬到慕尼黑為一個陌生人的健身房工作，最後來到美國——我有什麼可以失去？進軍演藝界的我有什麼可以失去？假如我的表現乏善可陳，沒人願意再給我機會，我仍是七屆奧林匹亞先生。我仍有喬・韋德在身邊，仍有我的訓練手冊可以販賣，仍有自己的公寓大樓可以遮風擋雨，不至於流落街頭。

踏足政治界的我有什麼可以失去？假如我在罷免選舉中落敗，甚至在電視辯論上丟臉，我仍是一名有很多嗜好的電影巨星。我還是有錢有名，有能力用財富和影響力支持自己在乎的志業，例如特殊奧運和課後全明星計劃。

你可能會爭辯，說假如我追求的任何一件事出了大錯，就可能失去聲譽。但這是因為你假設我在乎他人對我人生目標的看法，因為你假設我想要或需要某群人的認可，來追自己的夢。我少數追求過的認可，來自健美比賽的裁判、電影院的觀眾，以及投票所的選民。倘若我沒有得到他們的認可，就算最後一敗塗地，我也不會抱怨。我會把失敗當作學習的經驗，我會回到健身房，打掉重練，查閱資料，審視問題，投入心力讓自己變得更聰明、更優秀，然後以更強大的姿態捲土重來。

這樣做的風險何在？當你奮力克服逆境，而非半途而廢，最糟的狀況就是再次經歷失敗，再次學到行不通的做法。然後，這只會迫使你換檔，也就是讓你往目標邁進一步，因為你踏在正確軌道上的機率提升了。

說真的，你到底會失去什麼？

RULE 6

當一塊海綿，
在必要時擰乾自己

第一個認真聽取我的健美冠軍願景並支持我的成年人，名叫佛雷迪．格斯特爾（Fredi Gerstl）。佛雷迪是我朋友卡爾的父親，青少年時期我在格拉茨的健身房跟卡爾一起訓練。佛雷迪的人生故事令人驚嘆。他是猶太人，但在二戰期間為了逃避納粹而偽裝成天主教徒，然後投身反抗納粹的運動。戰後，他回到格拉茨，對當地的商業、政治，尤其是當地的年輕人產生興趣。他偕同妻子一起在火車站和主廣場的黃金地段開設幾家香菸和雜誌亭，也就是所謂的 tabakladen。這些商家的地緣位置，讓他得以掌握格拉茨及周邊地區的生活脈動，最終推動他的政治生涯，促使他當上奧地利上議院議長。我在一九六〇年代初結識佛雷迪，當時他組織一群男孩，讓我們進行體育訓練和戶外運動，教我們如何變得堅韌自足，也讓我們跟備戰中的羅馬角鬥士一樣養成袍澤之情。非常好玩，但有一個條件。正如佛雷迪在我二〇〇三年競選州長時，對《洛杉磯時報》記者說的：「我為了體育徵召年輕人，條件是他們要聽話。」

聽什麼話？聽佛雷迪感興趣，並認為對我們而言重要的東西。這些話還真不少。他不像老師一樣講授，也沒有每週末的測驗，就只是播下種子。談到一些我們多數人不理解的想法時，他會說：「也許你們現在還不懂，但總有一天會懂，而且會慶幸自己懂了。」當時我還不知道，原來佛雷迪就是所謂的文藝復興人。他熱愛體育、狗、歌劇、哲學和歷史，外加商業、政治，以及在我倆五十年的友誼之中，我持續發掘到的無數事物。他對學習的興趣和對新事物的開放胸懷（這正是文藝復興人的標誌），對我的人生產生最大影響，我相信也對許多其他男孩的人生產生影響。

某種程度上，佛雷迪實現了我們自己的父親達不到的父親形象，因為他擁有我們的父親所沒有的願景。以我為例，由於我比同齡的其他男孩高大壯碩，佛雷迪看出投身健美可能會為我打開機會之門，我的父親卻認為未來的僱主會讓我吃閉門羹，因為健美不是什麼正經事。佛雷迪比我們的父親都年輕，而且他在戰爭中站在正確的一邊，我認為這讓他得以隨著年歲增長，對事物保持開放態度，因為他不像我們很多人的父親那樣，受到悔恨與羞愧的消磨。當你為自己相信的理想戰鬥並獲勝——當你真的幫忙拯救世界——我想你會更容易在嶄新而美好的事物中，看見喜悅與可能。

佛雷迪打從一開始就告訴所有男孩，心志的鍛鍊跟肉體的鍛鍊一樣重要。他教導我們不能只對成功、金錢、名望和肌肉感到飢渴，我們也必須渴求知識。強健的體魄能幫你過上健康長壽的生活，會幫你追到女孩，讓你能夠做大量艱難的工作來照料家人；對我來說，強健的體魄當然是成為健美冠軍所不可或缺的。然而，如果想在無論老少的任何人生階段，在你選擇做的任何事物中成功，並把潛力和機會放到最大，我們需要良好的腦袋與活躍的思維。

佛雷迪讓我們了解，這個世界是終極的課堂，我們要像海綿一樣，吸收愈多愈好。他讓我們明白，要化身為只吸收最有用知識的海綿，關鍵在於隨時保持好奇，多聽多看，少說話。真的要說話時，提出好的問題，勝過做出機敏的應答。我們還需要理解，從任何來源吸收的一切資訊，都可以在任何時候，為了任何機會、問題或挑戰派上用場。也許是明天，也許是二十年之後，我們無法確切知道。可以確定的是，知識就是力量，資訊讓你有用。

世界就是你的教室

身為一個父親、生意人和人民公僕，最讓我抓狂的就是美國體制試圖把每個孩子都推入四年制大學。當然，大學很重要，大學學位是好東西，但它有其所屬的位置。如果你想當醫生、工程師、會計師或建築師，大學就是你的去處。世界上有些工作需要大學學位以及相應的用功，這是有道理的。我們不希望醫院裡滿是沒學過化學的醫生，也不希望沒進過數學教室的人，設計每天載運六百萬人的客機。

但是，如果你不確定自己的人生目標是什麼呢？或者，如果你確定無論將來想做什麼，都不會用上大學學位呢？讓自己或家人背上二十五萬美元的學貸，真的說得過去嗎？為了什麼？一張紙？大學經驗對許多年輕人來說，已經變成這樣了。問他們為什麼上大學，他們會說是為了拿學位。這就像在說，上班就是為了迎接週末。中間的一切呢？目的呢？

這就是等式中缺少的部分：目的、願景。我們沒有給年輕人發現目標或創造願景的時間和空間，我們沒有讓世界向他們展示生活的可能性。相反，就在他們可以失去的最少、能從這個世界獲益最多的時候，我們將他們強拉出來，塞進四年制大學，而大學正好是現實世界的相反。

能讓年輕人學到最多的教室就是現實世界。我就是活生生的例證。我在五金店當學徒時學會行銷，我在佛雷迪的客廳裡學會思索重大問題。至於我學會的其他重要事物，以及在往後人生伴隨我的技能，要不是在健身房裡學到，就是在十六到二十五歲之間，在健身房裡練習並精通的。設定目標、擬定計劃、努力工作、挺過失敗、溝通、助人的價值……健身房就是我的實驗室。對我來說，健身房就是高中、大學和研究所的綜合體。一九七〇年代，我終於踏入真正的大學教室，帶著實現願景的目的，上了許多大學課程。我在這些大學教室裡成績斐然，因為我用攻克健身目標的方式攻克課程。正如我所說的，對我而言，條條大路通回健身房。

沒錯，我就是最佳例證。當我每年三月走進俄亥俄州哥倫布市的阿諾體育節，會在那裡遇到成千上萬有著類似故事的人。來自世界各地的男女先是找到健身，然後透過健身找到通往成功的路。這些人包括健身房老闆、消防員、大力士和企業家，販賣健身服裝、營養補給品、康復飲料、物理治療設備等等，多數人都沒有大學文憑。其中身為大學畢業生的人會告訴你，他們在每天的生意中，其實沒用上多少大學教的東西。

父母、教師、政治人物、社群領袖，任何能夠影響年輕人的人都必須了解，已有數百萬人在大學體系之外為自己創造願景，打造了成功而快樂的人生。他們是我們在遇到搞不定的問題時求助的水電工、家具翻修工和地毯清潔工，他們也是總承包商、房地產經紀人、攝影師。這些專業人士在真實世界中，透過實際操作精通自己的產業。更重要的是，他們正是維持經濟的黏著劑。

我們應該向年輕人指出這一點。我們應該告訴他們，可以用錘子和釘子、梳子和剪刀、鋸子和砂紙來構築夢想的生活。這麼做不只為了他們好，也出於我們自身的利益。縱觀全球各國，從事前述工作的人其實不夠多。在英國和歐元區，技術勞工的缺乏，已經癱瘓了某些領域的供應鏈。美國的政治領袖正試圖將晶片製造業重新引入國內，卻沒有足夠的工人來搭建放置晶片設備的建築物。這不是什麼新問題了。正因如此，擔任州長期間，我在技職教育方面做了巨額投資。不單是為了支持各行各業，也為了讓人們明白，他們做的工作至關重要，而我們需要激勵更多年輕人投入這些領域。

我覺得，沒人徹底理解我們為何陷入如此窘境，但其中一個重要原因在於我們受地位所蒙蔽，讓文化隨之變得狹隘。就是因為這樣，我們看重一個人拿到多少學位，卻不看重他讓多少客戶心滿意足。就是因為這樣，我們愛聽創業故事，但不知何故，若你實際動手並擁有自己的事業，我們卻不稱你為企業家，而稱你為小業主。諷刺的是，如果拿「小業主」跟我們推崇備至的那種高科技企業家比較（順道一提，其中某些企業家的發明正在分化我們），實際動手操作的人可能更快樂，甚至可能在那些受過高等教育的企業家還沒償還第一筆學貸時，就已經擁有自己的房子。就算是主流文化最受讚揚的輟學生，例如比爾．蓋茲和馬克．祖克柏，也是從哈佛輟學，而非高中或某些沒沒無聞的州立大學。

接下來，讓我向你介紹一個不同類型的輟學生。她叫瑪麗．謝努達（Mary Shenouda），家住威尼斯，就在我家山丘下面。瑪麗是職業運動員、演員、企業家和高階主管的高效能私人主廚，她的客戶遍布各領域的佼佼者，必須隨時保持巔峰狀態。這表示她也必須在她自學而成的領域之中保持巔峰狀態。瑪麗靠著自學，成為主廚與提升運動表現的專家。

十一年級輟學之後，她透過自學得到所有知識。瑪麗沒上大學，反而涉足科技銷售。如同我在格拉茨的五金店，她學會如何拚命賣東西。她做得很好。她發現，除了網球，銷售是自己非常擅長的另外一件事，於是投身其中，將其視為可能的職涯選擇。

然而，幾年後，她的注意力開始轉向烹飪。這是必然的轉變。瑪麗長久以來體弱多病，苦不堪言，整個青少年時期基本上都是如此，這也是她輟學的原因之一。直到二十歲出頭，她才發現自己有嚴重的乳糖不耐症、大豆不耐症和麩質不耐症。餐廳和食品雜貨店提供的典型食物選項，攻擊她的免疫系統並導致大量發炎。如果她想在享用喜愛菜餚的同時感到舒服，就必須找出讓餐點適合身體的全新方式。

於是她做到了。她在過程中培養出不可思議的熱情。她在一般人讀完烹飪學校的時間之內，讓自己搖身一變成為烹飪專家。恰好在那個時候，她周遭的世界遇上原始人飲食法革命、生酮飲食革命，以及無麩質飲食革命，也有愈來愈多人開始用杏仁奶或椰奶（現在是燕麥奶）替代咖啡或冰淇淋裡的乳品。在為自己創造營養美味餐點的同時，瑪麗也探索這些膳食領域。

過沒多久，瑪麗發現自己被一個大好商機包圍。在矽谷長大的她當時住在舊金山灣區，周遭的人若處於類似情勢，會立刻申請就讀商學院。但瑪麗是高中輟學生，這條路對她來說不如對其他人那樣好走。再說，就算可以走求學這條路，她也不會走。此時的瑪麗有豐富的銷售經驗，從中得到一個好主意，而且她知道市場愈來愈大，世界正在告訴她，是時候抓住機會了。她恭敬不如從命。

瑪麗開始以「古食大廚」（Paleo Chef）自居，學了可以將這種充滿使命感的激情化為事業的一切知識。她博覽群籍，憑自身之力學會閱讀醫學期刊裡的文章。她跟過去的老闆與各領域專家交談，向客戶和消費者請益。瑪麗觀察那些跟她一樣沒有資金的人，如何從零開始打造事業。瑪麗為願意幫助她的人騰出時間，傾聽他們的意見。

這是二〇一二年的事。此後，她建立私廚服務，開發一款名為法奇（Phat Fudge）的性能食品作為搭配，不僅投入讓人們變得更好的成功企業（她的顧客包括NBA冠軍和奧斯卡獎得主），更實現一種有彈性且能自己掌控命運的生活方式。她把願景變成現實，一切成就都來自一個抱持開放胸懷和超殺工作態度的中輟生。

在此聲明，我不建議高中輟學。你永遠不知道會有什麼事情讓你停擺，讓追求願景變得不可能，或迫使你暫時走上比較傳統的道路。這種情況下，高中文憑有點像是駕照。它不會讓你更有能力，只會讓大家知道你是體系裡的人，你懂得如何在體系中運作。

在這個世界上，你可以利用自己擅長的任何事情，或者有興趣解決的任何問題，像瑪麗一樣成就一番大事。如果不想要的話，就不用考慮大學。無論你想創造的是無麩質、無大豆或無乳糖食物，無論你想當健身教練、園藝師，或在退休後把愛好變成副業。

我知道這聽起來像在挑大學的毛病，但只是因為封閉一個人思維最簡單的方法，就是讓他們覺得自己負擔不起夢想。這正是大學在很多人身上做的。如果你能避免這種情況，如果你能傾聽周圍的世界，把注意力放在每天早晨讓你興奮的事物，你會發現，找到激情或目標，為之建立願景，並非難事。

閉上嘴巴，打開胸懷

比起《魔鬼司令》的約翰·馬特里克斯，我更像《龍兄鼠弟》的朱利葉斯。我不是某種超級士兵，隨時知道怎麼做，總是領先一步；我是一個真誠的人。對於某些別人視為理所當然的事情，我可能有些天真，但主要是好奇，想要了解這個世界。

我是一個移民，你們之中或許有人也是。我在不同職業中轉換，想必跟你們之中許多人一樣。好奇心是我的超能力。好奇心有磁性，光是敞開胸懷去探索周圍的神奇世界，好奇心就為我帶來許多非比尋常的機會。好奇心也吸引無數優秀聰明的人進入我的人生，這些人喜歡教導、支持、幫助他人。其中包括一些卓越的人物，而我有幸跟他們成為朋友。最初是雷格·帕克，後來是穆罕默德·阿里、納爾遜·曼德拉（Nelson Mandela）、米哈伊爾·戈巴契夫（Mikhail Gorbachev），甚至還有達賴喇嘛和兩位教宗。朋友們喜歡叫我阿甘（Forrest Gump），因為我跟林登·詹森（Lyndon Johnson）之後的每一位美國總統都見過面。跟阿甘不一樣的是，我並非碰巧與這些偉大的歷史人物共處一室。能夠見到他們，要歸功於我的名氣，但能夠認識他們並與之建立情誼，就要歸功於我的好奇心了。我對於他們本身以及他們的經歷提出問題，我尋求他們的建議，然後仔細聆聽。

重要的、有趣的、有權勢的人，他們會被那些提出好問題並善於傾聽的人吸引。當你充滿好奇，並謙卑到願意承認自己懂得不多，這樣的人就會想要與你交談。他們想要幫助你。你的好奇和謙卑讓他們知道，你的自尊不會大到妨礙你傾聽。當你封閉心靈，他們知道沒必要浪費唇舌。如果說你什麼都懂了，跟你對談還有什麼意義？

好好聆聽的耐心與謙卑，是好奇心的必要成分，也是學習的祕訣。歷史上某些最睿智的思想家和哲學家，千年來一直在向我們宣揚這個道理，他們說：「人類之所以有兩耳一口，就是為了少說多聽。」你會發現，這樣的想法在歷史上屢見不鮮。聖經寫道：「人人應敏於聽，而訥於言。」達賴喇嘛說：「說話的時候，你只是重複自己已知的東西。但傾聽的時候，你也許會學到新的東西。」厄尼斯特・海明威（Ernest Hemingway）說：「別人說話時，要全心傾聽。多數人從不傾聽。」已故的法官露絲・貝德・金斯伯格（Ruth Bader Ginsburg）說：「我堅信傾聽和向他人學習的價值。」

這些話語所要表達的，都是你懂的其實不如自己以為的多，所以閉上嘴巴，打開胸懷。我透過《魔鬼終結者》學到這個教訓。倘若放任經紀人與我的自尊，去跟終將成為偉大導演的男人爭論，很有可能會錯失一大良機。

一九八三年春，我初次與詹姆斯·卡麥隆見面，在好萊塢一間餐廳共進午餐，談論他的《魔鬼終結者》劇本。把劇本交給我的人名叫麥克·梅道佛（Mike Medavoy），也就是後來製作這部電影的片廠老闆。我正準備開拍《王者之劍》續集，麥克、我的經紀人和我都相信《魔鬼終結者》會是我的下一部電影，而我應該飾演英雄凱爾·瑞斯（Kyle Reese）。

凱爾·里斯是來自未來的士兵，被派來拯救莎拉·康納（Sarah Connor），進而保護全人類，免受一部高科技殺人機器所傷。沒什麼比這更英勇了。然而，在那天的午餐會議上，我們幾乎把所有時間都花在談論終結者本身。這絕對是我覺得最吸引人的角色，也激起我最大的興趣。讀過劇本的我有很多問題，對於如何演出一個人類外型的機器人，我也有幾個想法。我在午餐過程中，毫無保留與詹姆斯分享。我能從他的反應感覺到，我提問的廣度和想法的深度令他驚訝。我猜，他原本預期會見到一個四肢發達、頭腦簡單的人。他同意終結者是全劇最需要演好的角色。對於扮演終結者的演員需要做哪些具體準備，來體現自己是一個機器人，我們甚至在這方面達成不少共識。

午餐期間，詹姆斯漸漸開始覺得我應該扮演終結者。或者說，至少他確信我有能力扮演終結者。我心裡也認為自己能夠做到，但是，那不是我想要扮演的角色，我也如實告訴他。我是蠻王柯南，柯南是一個英雄，我就該扮演英雄。我的目標，是成為偉大的動作片英雄，扮演反派無助於我實現這個目標。詹姆斯在我解釋立場時認真聆聽，他也能理解。而我當下描述的，只是好萊塢的刻板想法。

接著，輪到我聽了。詹姆斯的論點是，《魔鬼終結者》不會是傳統好萊塢動作片。故事裡有時間旅行，還有未來科技，這是一部科幻片，有不同的規則。何況，終結者不是反派，反派是把終結者從未來送過來的人。終結者就只是……終結者，可以根據我扮演的方式以及他拍攝的方式來形塑這個角色。前提是，我選擇接下這個角色。

那個晚上，我愈去思考這個計劃，自己作為終結者的畫面就愈揮之不去。我滿腦子都是我跟詹姆斯的對話。他的話語迴盪在我的耳際。詹姆斯在此之前只拍過一部電影，但他的劇本非常創新，他似乎也確切知道該如何處理這部科幻片。當他說服我扮演終結者，而非凱爾·瑞斯，每個論點都說進我心坎。更何況，那時的我也只主演過一部電影，憑什麼覺得自己比他懂得多？

隔天，我致電詹姆斯，跟他說我要接下這個角色。

我的經紀人持反對意見。他們堅守傳統，認為英雄不應該扮演反派。我聽了他們的意見，但我沒有聽從。我傾聽自己的直覺，追隨自己的好奇心。更重要的是，我保持開放的胸懷，聆聽詹姆斯的建議。我真的聽了他的話，這也促成我生涯中最具影響力的決定。不只是因為《魔鬼終結者》叫好叫座，雖然那讓我賺得口袋滿滿。在會議中聽詹姆斯談論終結者，在排練和拍攝過程中聽他的指導，然後觀察他如何剪輯我的鏡頭，這一切讓我確信自己不僅可以成為動作片英雄。我可以成為電影巨星。我可以勝任領銜主演。

一九六一年在格拉茨的大銀幕上看到雷格·帕克，我第一個宏大的人生願景浮現。一九八三年在威尼斯的午餐會議上聆聽詹姆斯·卡麥隆說話，讓這個願景產生重大進化，指引了我往後二十年的選擇。海明威是對的；別人說話的時候，你應該聽。

當一塊海綿

保持好奇，並善於傾聽，能幫助你利用人際關係追求目標。我不是要你操弄人心，只是強調這兩項技能的實用性。說到底，人就是資源，但只有當你懂得吸取別人告訴你的東西，不要左耳進右耳出，你才能真正開始讓自己對他人有用，讓自己成為一份資源。

當我競選州長，認識我的人說我會喜歡競選，但會討厭坐在州長辦公室裡研究政策，因為我要的總是行動、行動、行動。不認識我的人也抱持相同看法，但原因略有不同；他們以為我要的總是關注、關注、關注。這兩個觀點在某種程度上都說得通，卻也都是錯誤的。他們忘了考量，州長職位是世上最棒的課堂，他們沒有意識到，我一輩子都是吸收知識和新資訊的海綿，打從年輕時向佛雷迪和其他健美選手學習就開始了。

要是我在健身房看到有人嘗試我想不通的新練法，我不會笑稱他們「額頭」——我朋友比爾・德雷克常叫人「額頭」，暗指他們跟尼安德塔人一樣額頭很低——我會去請教那個人，因為他的方法也許會對我有幫助。當我在北好萊塢看到偉大的文斯・吉隆達（Vince Gironda）在健身房做側臥三頭肌伸展，儘管他用的小啞鈴看起來有點滑稽，但我沒有因為這種訓練看起來女性化就不想理會，或者因為文斯沒有舉重背景就不予考慮。我親自嘗試了。我在下一回手臂訓練做了四十組，我知道這是檢驗新動作對身體影響的最佳方法。做完之後，我的外側三頭肌抖了一整天。這個練法太有效果了，我不得不找文斯問個清楚。

「你是怎麼想出這個動作的？這個動作為什麼會優於其他類似動作？怎麼把它納入訓練，會產生最好的效果？」

我的提問有多重目的。如果答案讓我信服，所有疑慮與擔憂都會被一掃而空。如先前提過的，我透過好奇心展現謙遜，於是成為文斯的盟友，這讓他更有可能分享其他珍貴的訓練技巧。但最重要的是，對感興趣的事物提出好的「如何」與「為何」，會讓這些資訊更容易留在你的腦中，並與其他相關資訊融會貫通。在你需要運用知識為他人服務的時候，這些資訊就會更容易派上用場。

正因如此，比起以往做過的任何工作，我更喜歡擔任州長。我有機會吸收關於社會運作的所有資訊，同時處於可以利用這些資訊幫助數百萬人的位置。前一刻，我發現我們需要更多獄警；頻繁加班讓他們的工作情況變得比較不安全，長時間疲勞讓他們容易在安全協定中出錯。下一刻，我研究藥品價格和健保費，或者跟全球最聰明的科學家坐在一起，得知每年有數百萬人死於汙染。隔天，我可能跟一組土木工程師會面，聽他們說明加州長達一萬三千英里的防洪堤正在崩毀。我甚至不知道我們有那麼長的防洪堤，比荷蘭或路易斯安那的還長。接著，與工程師的會議結束後，我可能會跟一組護理師碰面。他們想要解釋，為什麼加州醫院的護理師對患者比例不能是一比六；在每六名患者分配一名護理師的狀況下，護理師幾乎不可能在輪值時完成所有工作。舉個例子，一般護理師無法獨力抬起身材中等的成年男性，所以當患者必須從病床起身如廁——這是我在二〇一八年心臟手術後的親身經歷——有時需要另外兩名護理師幫忙。這兩名護理師不得不暫時離開手邊正在處理的患者。光是跟一組護理師談話，就讓我學到這麼多。

我很喜歡這樣，學個沒完。學得愈多，向指導我的人問得愈多，我就愈能理解事物如何彼此相連，也成為愈好的領導者。沙加緬度的我，每天都覺得自己好像在拼一張揭示不同系統如何運作的拼圖，猶如一張腦袋中的藍圖。每當我搞不懂圖裡的某個系統，或者藍圖看起來殘缺不全，我就知道，是時候做些什麼了。

我很幸運，身為州長，就算我不是生性好奇，也可以請別人解釋州的運作方式，直到我聽懂為止，不管要花上多久。多數人沒這麼幸運。他們沒有權力要別人向他們解釋世界，或者沒有佛雷迪・格斯特爾這樣的良師益友，示範如何打開思維，再像海綿一樣吸收世界。他們必須自己試圖弄懂一切。在沒有任何支援的情況下，這可能非常令人畏縮沮喪。

我相信，這正是很多人感覺身陷生活泥淖的原因。他們活在一個自己不理解的世界。世界就是這樣，他們就是這樣，只能接受，只能處理。這是天生註定。也許在這個世界裡，註定了別人富有、他們貧窮，或者別人高大、聰明、體能出眾，而他們恰恰相反。沒有人跟他們解釋，儘管有些條件無法變動，還是可以透過好奇心和吸收知識來改變局勢，然後利用獲取的知識，來為自己打造一個願景。

《魔鬼終結者》有一句著名台詞：「沒有所謂的命運，只有我們為自己創造的命運。」沒有人讓這些可憐人知道，他們可以創造自己的命運。他們可以大幅改變境遇，以至於那些不可改變的事物變得無足輕重。

事實上，任何人都能做到，任何人都能創造自己的命運。你也可以做到，就從現在這一刻開始。拿起這本書的你也許已經在創造的途中，倘若如此，那就太棒了。現在，我要你對生命中的某個人伸出援手，也許他不知道自己做得到，所以尚未著手改變境遇。對這些人伸出援手很重要，因為當人們認定世界就是這樣，而他們無能為力，第一個死去的就是好奇心。好奇心一旦消亡，本來是海綿的腦袋淪為易碎的磚頭，難以吸收任何新東西，遇到困難決策就會格外脆弱。

幫助他們，像佛雷迪．格斯特爾為我做的，也像我嘗試透過這本書為你做的。世界需要更多海綿，需要更多有智慧、有希望、有動力、有用處、有遠見的人。世界需要能夠夢想未來世界的人，而這只在人們能夠先吸收當今世界知識的時候，才有可能發生。

操練你的大腦和知識

用進廢退。這個成語適用於生活中太多領域，簡直該被視為宇宙法則之一。

在健身房，如果你不使用肌肉，肌肉就會萎縮失能，也就是所謂的肌肉萎縮。

在好萊塢，如果你不利用名聲去執行大計劃或產生大影響，你的明星光環就會褪色，做這兩者的機會也將隨之消失。

在政府，如果年度預算為某項事務撥款，你在那一年卻沒有使用，隔年這筆撥款就會消失，你再也看不到這筆錢。

「用進廢退」這條法則適用於成熟的水果、政治的良善立意、媒體關注、折價券、經濟機會、高速公路的行駛空間……各式各樣的事物。最重要的是，適用於你在一生中吸收的知識。如果沒有定期像操練肌肉一樣操練大腦，善用你的知識，大腦裡的知識終會失去力量。

一九九〇年到一九九三年，擔任體能與運動競技總統委員會主席的三年之間，我初次親身體驗善用知識所產生的影響。作為直接在布希總統底下工作的一環，我造訪全美五十州的學校，跟當地領導者會面，商討政策。我在學校發表演講，鼓勵孩子、說服他們的父母關上電視，走到戶外。我主持圓桌會議和小組討論，與會者包括教育家、醫學專家、健身專業人士、醫療保健領導者、營養學家，以及任何我認為可以幫助我們對抗兒童肥胖、支持體育教育計劃的人（某些州因為預算不足，撤銷了這些計劃）。我在這些行程裡說了不少話，但多數時間我都扮演海綿，觀察、傾聽、提問，試圖從前線人員那裡了解州內的現況。他們面臨哪些問題？他們試過哪些舉措，來拯救體育教育計劃？什麼方式有效？什麼方式行不通？他們需要什麼？為什麼？

我帶著滿腦子資訊離開每場活動，一時之間無處安放這些資訊，只能將它們寫入委員會每年產出的報告書和建議書。然後，我在一九九二年結識名叫丹尼．赫南德斯（Danny Hernandez）的人傑。他在東洛杉磯的霍倫貝克青年中心經營名為「內城運動會」（Inner-City Games）的計劃，這個地方距離我家只有十五英里。

丹尼在東洛杉磯一個叫做博伊爾高地的困苦區域出生長大，從那裡的高中畢業，在越南度過軍功彪炳的役期後，回到家鄉讀大學，至今仍住在那裡。他就像博伊爾高地的眼耳和脈搏。多年來，他注意到，在學校不開課的暑假期間，社區的孩子最容易受到毒品和幫派暴力所傷，因為他們無處可去，也沒有可以每日從事的建設性活動。於是，丹尼在一九九一年啟動內城運動會——奧林匹克風格的體育和學術競賽——為東洛杉磯的孩子開闢一條脫離街頭的路。

丹尼和我是在洛杉磯暴動之後認識的。前一年，在路邊對羅德尼．金（Rodney King）施暴的四名洛杉磯員警被宣判無罪，讓洛杉磯種族間的緊張局勢一觸即發。不滿判決的抗議活動，引發為期一週的大規模劫掠、縱火、暴力和財產破壞，主要發生在丹尼服務的那種貧困社區。商店、公寓、購物中心，有些地方甚至整個街區都被火舌吞噬。丹尼察覺，不到一個月之後的暑假對孩子們來說至關重要，不僅是博伊爾高地，也包括整個洛杉磯。如果社區領袖不留心，沒有眼觀四方、耳聽八方，當五到十八歲之間的五十萬個孩子從教室走上街頭，亂象可能在眨眼間一發不可收拾。丹尼計劃將內城運動會從東洛杉磯擴展到整座城市，積極尋求政治領袖和城中名人的幫助，以提高人們對內城運動會的認知，同時籌募資金。

這就是我登場的時候。丹尼帶我參觀霍倫貝克青年中心，那裡有健身房和拳擊擂台，還有很多體育設施。有淋浴間和更衣室，有安靜的地方可以做功課，還有成年導師協助課業。電腦室裡有多台電腦可供使用，這在一九九二年令人難以置信。撇除電腦，這個地方讓我想起格拉茨體育館——一個充滿無限可能的庇護所。

當丹尼談及過往十年的工作，我全神貫注，吸收資訊，問了很多他對內城運動會展望的相關問題。我相信自己了解得愈多，就愈有能力幫忙。我真心想要好好了解這個地方和丹尼的使命。

我尤其想弄清楚，為什麼國內沒有其他類似的計劃。在那個時間點，我幾乎造訪過每個州的學校，卻沒有見到或聽聞任何類似內城運動會的計劃。丹尼告訴我，可能是因為獲得州和聯邦的資金一直很難。也是因為這樣，他才會找我談，而不是找市長或州長。

丹尼令人印象深刻。他對青年中心和運動會的雄心壯志，讓我回想起自己早期對於健美和好萊塢的抱負。我們都有一些在多數人眼中頗為瘋狂的夢想，但倘若你能夠看見我們所看見的，知道我們願意投注多少心力來實現夢想，就會發現，這些夢想其實沒有那麼瘋狂。

我聽得夠多了。我同意加入。我擔任運動會執行主席，協助丹尼把內城運動會擴展到大洛杉磯地區。我們很快以非營利組織的形式，成立內城運動會基金會。那年夏天餘下的時間裡，我向朋友們和好萊塢大老說明情況，並向他們募捐，丹尼同時也在獲取企業贊助。城市還在從暴動中復原，我們未能趕在暑假舉辦賽事，但那年秋季，內城運動會在洛杉磯各地的諸多場館舉行，吸引十萬名當地孩童前來，參加十幾項不同體育競賽，以及寫作、舞蹈和美術比賽，藉此獲得獎學金。此外，還有供孩童與其家人參加的免費職業博覽會，以及免費健康檢查。

活動大獲成功，我們的努力引起很多關注。這正是試圖向洛杉磯這種大城市推銷願景時，所需要的條件。一九九二年的運動會，得到全國媒體曝光，好上加好，因為這讓丹尼得以畫出內城運動會的宏圖，如同我以前為健美運動和自己的電影所做的。我們能夠以自己的方式傳播內城運動會的訊息，這有助於吸引其他城市的社群組織者，例如亞特蘭大和芝加哥。這些人聽聞丹尼去年做的事情，想要親自審視這樣的活動適不適合他們的城市。

內城運動會能否在那些城市運作，不是我能夠回答的問題。但身為健美王者的多年經驗告訴我，那些城市以及其他十幾座城市都需要類似這樣的計劃，因為它們都面臨與洛杉磯相同的問題：每年暑假，成千上萬的孩子無處可去，無人照看。

但我也知道另一個事實：城市面臨的不只是暑假問題，還有每天的課後問題。我在採訪全美各校的時候親眼看見、親耳聽聞，放學後，有些孩子被父母接走，有些孩子擠上公車，但還有很多孩子兩者都沒做。他們逗留打混，或成群結伴離開，不知道去了哪裡。我看到這種模式反覆發生，尤其在國中，它們不像高中有豐富的課外體育活動。我好奇這個現象是否有個合理解釋，於是向老師和校長諮詢。他們表示，高達七成學生要不是沒有父母陪伴，就是父母親都在上班，但付不起托兒費。所以，這些孩子放學後獨自在家，父母下班前都無人監管。這些城市的警察局長們也讓我知道，他們把孩子放學到大人下班之間的時段——大約下午三點到六點——稱為「危險區」。孩子們在這段時間最容易落入毒品和酒精、幫派和犯罪，以及青少年懷孕的陷阱。

隨著一九九二年秋季和一九九三年夏季內城運動會的成功，我看到可以幫助丹尼．赫南德斯將內城運動會從洛杉磯擴展到全國的機會。我希望在得到足夠支援和資金的情況下，我們最終能把這個使命，從夏季運動延展為全年課後計劃。然而，我有的不只是希望。我有一個願景，我相信自己有足夠的知識和能力去實現它。這個任務讓我終於可以用上以往二十年積累的名聲。我可以利用我在那段時間建立的所有人脈，我可以聯繫在參訪五十州期間結識的每個政治人物、政府官員和專業人士，我也可以利用從安克拉治到亞特蘭大各種小組討論、圓桌會議、問答環節和市民大會上獲取的每一份資訊。如同佛雷迪．格斯特爾的教導，我成為海綿，吸收許多珍貴的資訊。如今，是時候擰乾這些知識，為全美的高風險兒童盡一分力。

身為一個打鐵趁熱的人，我偕同名叫邦妮．芮斯（Bonnie Reiss）的女強人迅速建立遊說和募款機制，然後出發前往全美各城。我們認為，這些城市可能需要類似內城運動會的計劃，或是需要我們計劃打造的加強版。我自掏腰包，用私人飛機到處飛，遊說願意坐下來跟我們交流的市政府和州政府官員。我們聽他們描述各自面臨的問題，其中許多涉及在他們的城市或某一所學校，募集支援計劃所需的資金。正如我在體能與運動競技總統委員會裡做的那樣，我吸收一切資訊，融入對於我們試圖解決的更大問題的理解。然後，在與邦妮、丹尼、認識的慈善家、州政府，以及聯邦機構合作的過程中，我們動用所有知識，透過內城運動會基金會為這些城市提供解決方案。

最終的成果，內城運動會在往後數年穩健成長，發展出全國九大分會。與此同時，我們開發出一套名為「課後全明星」的計劃，以學校為基礎全年運轉，目前每天為全美四十座城市、四百五十所學校裡的近十萬名孩童提供服務。我至今仍參與其中，並為此深感自豪。

這是一個絕佳範例，讓大家看見，當你閉上嘴巴，打開胸懷；當你透過傾聽學習，以真誠的關切解決問題；當你毫無保留付出自己擁有的一切，努力改善身處的世界一角，會帶來什麼樣的可能性。

保持好奇，渴求資訊，打開胸懷，善用知識。

事實證明，這是一套公式，足以讓任何人在世上創造真正有意義的變革，無論在個人、職業，或是政治層面。這套公式也能讓你改變處境，為願景創造成長和進化的空間。這很重要，因為我知道，你一定也想要成長和進化。

RULE

7

把鏡子摔碎吧！
這樣你才看得見其他人

我有一個原則：你可以叫我炸肉排，可以叫我終結哥，可以叫我阿尼，也可以叫我史瓦仔，但不要說我是一個自力更生的人。

年輕的時候，我的英語理解能力還不如現在，每次人們這樣形容我，總令我困惑不解。自力更生？我知道這是讚美，但我不禁納悶：他們是什麼意思？我的父母呢？是他們生下我。喬．韋德呢？是他把我帶到美國，實現我早年的夢想。史蒂夫．李維斯和雷格．帕克呢？是他們讓我一步一腳印，從健美轉投影劇。約翰．米利厄斯呢？是他讓我成為《王者之劍》的蠻王柯南。

我可能過於從字面解讀「自力更生」這個詞，但我從未認為自己是自力更生的人。我覺得自己是美國夢的一個範例，而我至今依然相信，任何人都能像我一樣。但真要說的話，這讓我跟「自力更生」恰恰相反。我們花點時間分析一下。如果說我是美國夢成真的例子，我怎麼可能自力更生？我需要美國，才能實現我經歷的所有成功。在我第一次舉起槓鈴之前，我就欠整個國家一份情。

隨著年歲增長，我對「自力更生」這個概念的意涵與背景有了更深刻的理解。我明白，人們其實是誇我勤奮、自律、積極、專注，練就實現目標所需的特質。當然，他們是對的，我確實是這樣。沒有人為我舉過啞鈴，為我說過台詞，或為我簽過法案，但這並不代表我自力更生。我是誰，我在哪裡，我為什麼在這裡，我有機會做什麼——這一切都要歸功於生命中數百個特殊人物的影響。

不是只有我，我們都因為他人的貢獻而存在於此。即使你在人生中未曾有過正面的影響；即使你遇到的每個人都是障礙或敵人，或者他們除了傷害你之外什麼也沒做，他們仍然教會你某些東西。他們讓你知道，你是個生存者，你勝過那些事，勝過那些人。他們讓你知道，不該做什麼樣的事，不該成為什麼樣的人。你今天之所以在這裡，正在閱讀這本書，試圖讓自己變得更好，都要歸因於生命中的那些人，無論他們是好是壞。

仔細思考，你會發現，沒有任何人完全靠自己做過任何事，我們總有得到幫助或指導。別人總是以某種方式，為我們鋪平或指引道路，無論我們有沒有事先察覺。既然已經了解這一點，那麼重要的是，你要意識到自己有責任回饋，幫助他人。要把梯子送回來，供下一批人攀爬。傳播善意，做個有用之人。

讓我告訴你一件事：當你完全擁抱這份責任，它將改變你的生活，進而改善無數人的生活。

你會納悶，自己為什麼沒有早些領悟這一點。回饋一開始是責任，很快化為義務，最終感覺像是特權，你永遠不會想要放手，也永遠不會將其視為理所當然。

回饋讓每個人受益

如同你手上的這本書，是兩人之間的對話——作者和讀者之間，你和我之間——我不是對著全世界說話，而是對你說話。我認為這是一種深刻而神聖的關係。但有些時候，像這樣的一本書會帶來某些奇怪的情況。作者的目標，是激勵身為讀者的你去為自己的人生創造願景，勇敢做夢，全力以赴實現願景。這些書可能變成自私的許可證，被用來合理化一種「世界與我為敵」的態度，把自我提升變成零和遊戲。為了讓自己致富，別人必須變窮。為了讓自己變得更強，別人必須變得更弱。為了讓自己贏，別人必須輸。

我必須說清楚，除了直接的體育競賽之外，這幾乎是一派胡言。人生不是零和遊戲，我們可以一起成長，一起致富，一起變強。每個人都可以用自己的步調，以自己的方式取勝。

實現這一點的方法，是專注於回饋生命中所有人的方式，無論是家人、朋友、鄰居、合作對象，或只是與我們呼吸相同空氣的人。我們要怎麼幫助他們實現自己的願景？我們要怎麼支持他們的目標？我們要怎麼讓他們更擅長自己熱衷的事？我們能為需要幫助的人提供什麼？當你在自己的關係中留意這些問題，你會發現，自己終將獲得與付出相符的回報。

跟訓練夥伴一起待在健身房，讓我最強烈感受到這一點。我們總是互相驅策，分享訓練技巧和營養祕訣。我們以鼓勵的言語互相扶持，也在最大負重或負荷到極限時，提供實質上的支撐。我們都知道終將彼此競爭，所以不是沒有意識到每個人都在幫助對手變強。但我們也知道，訓練夥伴變強，就代表他們能帶來更多激勵，我們也將因此變強。

這種互助不僅嘉惠身為健美選手的我們，也對整個健美運動有益。一九七〇年代，我是國際健美界的門面，但假設當時我是跟一群肌肉與線條遜色很多的選手一起登台，我只會被看作一個奇人，健美運動也會淪為馬戲團雜耍。況且，少了強大的競爭對手，我能否達到當時的水準，也很難說。倘若少了身為訓練夥伴的法蘭柯．哥倫布驅策，或者法蘭克．贊恩沒有跟我同住幾個月，向我示範精進肌肉線條的祕訣，我不知道自己能否練出屢屢拿下奧林匹亞先生頭銜的身體。健美運動之所以達到如此高度，正是因為我們這群人待在同一間健身房，一起訓練，幫助彼此變得更好，讓競爭更激烈，進而壯大了這項運動。

我在拍電影時，也經歷過同樣的正面回饋迴圈。好萊塢充斥非常沒有安全感的演員，當身處的圈子沒有給予正確的指導或支持，他們就會把電影變成一種零和遊戲。他們會試圖支配每一幕，設法比合作的影星得到更多鏡頭，將其他演員排擠到銀幕之外。他們認為這是偉大演員的作為，是成為巨星或贏取獎項的方法。事實上，這種個人野心和自我為先的行徑反倒損害了電影，每個鏡頭因此變得令人尷尬，對觀影體驗產生負面影響。反觀，當演員在場景中互相幫助，創造對彼此有利的情境，騰出空間讓對方創造偉大的時刻和難忘的表演，電影會從優秀變成卓越，與觀眾產生更深的連結。此時，電影才稱得上成功。演員參與一部成功的電影，就有機會獲邀拍攝更大的電影，比先前一起合作完成的電影更有利可圖。

透過無私，透過幫助你的合演明星、競爭對手或同事，你有能力讓每個人的生活變得更好，創造出一個正面環境，自己也能在其中蓬勃發展，並且找到幸福。正因如此，我們喜歡擁有美妙群戲的電視劇。正因如此，我們欣賞巴塔哥尼亞（Patagonia）這種把顧客和員工置於利潤之上的公司。我們讚揚二〇一七年的金州勇士隊，或令人讚嘆的西班牙國家足球隊，因為他們精於傳球，打出讓場上每個人都參與其中且變得更好的團隊比賽。

反之，也正因如此，我們對自私的明星運動員、自負的總執行長，以及自戀的政客感到五味雜陳。他們幾乎從不讓他人變得更好。就算他們「跟我們同隊」，我們也只會在他們帶來勝利的時候勉強容忍。一旦他們開始落敗，或事態開始惡化，我們就想要交易他們、解僱他們，或用選票下架他們。因為在這種時候，忍受只想著自己的自私混蛋沒半點好處。

但要體驗助人的益處，不必追求大目標或大願景。許多科學研究顯示，簡單的回饋行為，顯著提高施者的幸福感，而且這種提升幾乎立竿見影。二〇〇八年，哈佛大學的研究人員進行一個實驗，給一組受測者五美元，給另一組受測者二十美元，跟他們說要自己花掉或贈與別人都可以。當研究人員在一天結束時追蹤結果，他們發現，把錢贈與他人的受測對象過得比把錢留下的受測對象好多了。

還有一個真正有趣的地方：付出五美元的人跟付出二十美元的人，在幸福的增幅上沒有顯著差異。付出二十美元的人並沒有因此體驗到四倍幸福。也就是說，重點不在於給予的金額，而在於是否給予。給予的動作本身就提升了幸福感。

無須家財萬貫或荷包滿滿，你可以用同樣的善意和慷慨，讓別人的一天變得更好，也讓自己的一天變得更好。

你能付出的，比你以為的多

像我這樣人生經歷豐富、手握大把資源的人，很容易談論回饋的重要性和助人的快樂。然而，我明白當一個人年少清貧，仍在努力釐清理想生活的樣貌，這些好處並不總是如此顯而易見。我也明白，當一個人老大不小還兼幾份工養家活口，或每個醒著的時刻都被自身的憂慮消磨，情況可能就沒那麼簡單。

你可能會覺得行程表裡擠不出回饋的時間，當你終於找到時間，你的腦子也許已早早投入打拚、供給或實現願景。要思考如何有效利用這些時間，或要確定自己的時間對別人是否有價值，也許會讓你一時不知所措。

到頭來，你可能對自己說：「我算哪根蔥？我都自身難保了。」或者「我能做什麼？我又沒有特殊技能。」又或者「我能拿出什麼？我又不是那些富豪或名人。」

首先要釐清一個事實，即在最單純的基本層面上，你不需要為了助人而重新安排生活。你只需要打開眼睛和耳朵，關注周圍的世界。當你看到有人正在掙扎——無論是扛著沉重的雜貨，或是面對難熬的情緒——就停下腳步，伸出援手，給他們一個擁抱。如果失聯多年的朋友半夜來電，就接起電話。如果有人看起來需要幫忙，就做出回應，無論他們有沒有開口請求。減輕他們的負擔，就算只是五分鐘或五十英尺。助人是簡單的生活實踐，只需要意識、意願和些許心力。不用主動尋求，只要與環境保持連結，每天都會遇到幫助他人的機會。相信我，這樣做的時候，你會感覺很棒。

第二個要釐清的事實，是你能拿來付出的東西比你以為的多。例如，我知道你有時間。如果分析一天二十四小時，我保證你每週至少有一到兩次能騰出一小時。你會說外語嗎？你擅長數學嗎？你會閱讀嗎？你可以每週去一趟附近的課後計劃中心擔任中學生家教，也可以到當地圖書館唸書給小學生聽，或到兒童醫院唸書給患者聽。你有汽車或貨車嗎？你可以為老年人送餐，或者開車載安養院的居民去接受物理治療。你會修東西嗎？你有工具嗎？你可以在體育季開始前，協助修復家鄉的運動場。

助人這件事，在技術層面甚至不用那麼複雜。你能夠走路，也剛好買得起一盒垃圾袋嗎？偉大的美國作家大衛・塞德里（David Sedaris）在英國鄉村住所附近的道路上撿垃圾，那是他日常早晨散步的一環。行動持續的時間，長到該郡以他命名一輛垃圾車，女王伊莉莎白還因此邀他到白金漢宮用下午茶。

這不是說要有一幢漂亮的房子，來激勵你在社區撿垃圾。你不需要房子，真的。在洛杉磯西區，一位名叫陶德・歐林（Todd Olin）的遊民成為當地傳奇。他多年來每天花幾個小時清掃威斯特徹斯特一帶的街道，撿垃圾、拔雜草、清塗鴉，打理下水道和下水道格柵。他身無長物，只有一兩台推車和一個便宜的塑膠垃圾夾。

回饋也不一定要每天發生。二〇二〇年，亞利桑那州圖森市一個名叫莉莉・梅辛（Lily Messing）的十六歲高中生，創辦一個叫做「100+ Teens Who Care Tucson」（一百多名心繫圖森的青少年）的團體，每年只聚會四次。該組織的每個成員都是高中生，每三個月捐二十五美元，一年共一百美元。他們會選定一個需要幫助的當地組織，捐贈那三個月的錢。自二〇二〇年以來，他們已經捐了超過兩萬五千美元給服務當地兒童、動物、家暴受害者和遊民的團體。每年四次，每次二十五美元，這樣就足以產生重大影響。

如果你還在奮力斟酌回饋之道，不要把焦點放在自己有什麼或懂什麼。檢視人生歷程裡他人為你做過的事，然後為那些可能有類似處境的人做同樣的事，藉此傳承善意。如果你在兒時遇過一位出色的足球教練，那就參與少年足球隊。如果你曾經從協助你上大學的本地服務組織拿過獎學金，那就聯繫那個組織，探聽如何捐款給當前的高中應屆畢業生獎學基金。為了回報喬·韋德帶我赴美的慷慨之舉，我做的其中一件事情是尋覓雄心勃勃、懷抱遠大夢想的外國公民，用帶有加州州長印章的信紙為他們撰寫推薦信。就算沒有人脈或創意，你也能做到回饋，只需要花點心思。

關於如何保持好奇、成為知識海綿，以及如何提出好問題，我們在上一章談了不少。這些工具能打開你對世界可能性的思維。其實，它們同樣也能讓你對世界的問題打開心扉，探索自己如何成為這些問題的解方。有時候，問題很小，只影響某個需要及時幫助的人。有時候，問題可能很大，是長期或系統性發展出來的。協助解決這些問題，成為你回饋的使命，就像莉莉．梅辛，或者成為你人生志業的一部分，如同丹尼．赫南德斯和瑪麗．謝努達。

當然，你可以兩者兼顧。我每天向數十萬人發送電子報，激勵他們保持健康、維持身形。從許多方面來看，這是我在一九九〇年代初，以健身大使身分對抗肥胖問題的延續與演化。與此同時，我同樣樂於在健身房花十分鐘隨機向一些老人示範正確的滑輪下拉動作，或者跟想要創立屋頂修繕事業的十七歲孩子交談。這些事情帶給我的喜悅，沒有高低之分。

無論是透過自己的工作幫助數百人，或是透過箴言改變一個人的生活，你都正以最深刻的方式回饋。你的一個小舉動，大有可能改變整個世界。如果你仍不確定自己能夠提供什麼，那就活在當下，專注於小事。小事往往會變成大事。我堅信，有朝一日某件小事將引你走向更大的事，屆時，你會感覺自己有能力以更大的方式回饋。

對於那些努力登上童軍最高級別「鷹級童軍」的孩子來說，情況通常如此。晉升鷹級童軍的最後一步，是完成一個為當地社區帶來重大影響的服務計劃。本質上，他們必須設計自己的回饋方式。多數孩子很快就能規劃出想要從事的服務，因為他們多年來一直打開眼睛和耳朵，跟所在的社區互動，隨時準備回應需要幫助的人。

他們總在幫忙把購物車或嬰兒車推上人行道，因為城鎮的路緣太高。於是，在服務計劃中，他們決定申請許可，向當地商家募資，找來當地承包商修復路面，並在城鎮各處增設無障礙坡道。

他們總在幫助鄰居尋找走丟的狗，這些狗一直從附近的公園逃脫，因為公園的圍欄破舊又有縫隙。於是，他們決定與童軍夥伴一起運用當地五金店捐贈的建材，重新設計、打造圍欄，然後連署向市議會提出申請，將這塊空地正式指定為狗公園，以利未來的維護工作。

鷹級童軍有千百種這樣的故事，但最美妙的部分在於，你有百萬種方法可以從中汲取靈感，運用自己的時間、技能和資源去造福他人。根據我的親身經驗，一旦開始，你就停不了手。

享受助人快感

我第一次有組織的回饋經驗發生在一九七〇年代後期，當時我受邀前往威斯康辛州西北角的一所大學，協助特殊奧運的舉重選手訓練。兩到三天的時間裡，我接觸到一組不同智能障礙程度的青少年。

那是研究的一部分，目的是探討舉重作為運動項目對他們來說是否安全，作為治療工具對他們來說又是否有益。那是一段不可思議的經驗，第一天的臥推訓練至今仍歷歷在目。

那些孩子起初有點戒慎恐懼。我記得我秀肌肉給他們看，讓他們捏捏我的二頭肌，或戳戳我的胸肌，藉此引誘他們走出自我封閉的殼。後來，我贏得他們的信任，看到他們的熱情逐漸增長，一個接一個輪流躺上臥推台，準備迎接人生中第一次重量訓練。那種感覺真是美妙。我記得其中幾個孩子苦苦掙扎；看見槓鈴就在頭頂上，感受重力透過自己的手掌下壓，可能有點嚇人。這對孩子們來說，也許就像指導他們這件事之於我一樣陌生。我記得自己當下心想：連他們都有勇氣和力量去面對恐懼，去嘗試新的事物，我更不能被自己的不確定感妨礙，讓他們失望。我試圖回應他們友善、熱情和開放的心態。那天結束的時候，每個孩子都完成數組臥推。縱使是那些最害怕的人，也躺在槓鈴下面做了幾組，其中包括一個起初因為恐慌而持續尖叫的男孩；直到我站在他身邊，請他負責計算組數，他才終於平靜下來。

我永遠不會忘記那個男孩。在幫我計算其他男孩完成的組數之後，我能感覺到他在器材旁邊愈來愈自在。他看到孩子們推起槓鈴，也看到重量並沒有壓垮他們。我問他要不要再試一次，他說好。他的朋友們為他感到非常興奮。他躺上臥推台，頭在垂直的槓桿架之間。我站在他身後，慢慢將槓鈴放在他的手上。

我說：「現在做十下給我看看。」他輕鬆完成，好像一點都不重。他的朋友們瘋狂歡呼，他臉上綻開的笑容幾乎跟槓鈴一樣寬。我說：「我覺得你準備好推更重了。」

我在兩側各加十磅的槓片，然後說：「做三下試試看。」他的朋友們為他加油打氣。他深吸一口氣，不怎麼費力就完成了。「哇，你好壯喔。」我說：「我覺得我很快就會有競爭對手。你還能繼續做嗎？」

他興奮點頭。於是我又加了兩個十磅的槓片，他又推了三下。一個半小時之內，這個男孩從畏懼槓鈴，進步到不靠協助臥推八十五磅三次。最後他從臥推台站起，我跟他擊掌，朋友們把他團團圍住。

站在那裡看男孩們慶祝朋友的成就，我心中喜悅滿溢，幾乎直擊靈魂深處。這份喜悅的力量，大到令我困惑。我沒有賺到一毛錢，這不會推動我的事業發展，做這件事目前也還與我更大的願景無關。而且老實說，從付出或犧牲的角度看，我其實沒做太多。我怎麼會這麼快樂？

我發現，那是因為我幫了這些孩子。光是現身、給予支持和鼓勵，以及傳授一招半式，我改變了這個男孩的人生。他現在有證據證明自己可以做到，證明自己夠強壯，不但能舉起重量，還能克服恐懼。我幫助他挖掘自身的某些特質，他可以把這些特質帶到新的、令人不自在，甚至可怕的情境中，在往後人生受用無窮。經過這一天，他不再是原本的他，他的朋友們也是如此。我也是。

事實證明，這次經歷讓我獲益良多，但不是以我從前習於衡量事物的方式。我得以運用自己的知識和專長，幫助這群比我弱勢的少年，讓他們變得更好、更強壯、更有自信。我感覺自己也變得更好。我回饋了，就只是因為他們需要幫忙，而有人向我求助。

我立刻想要回饋更多。倘若你我易地而處，你很可能會有同感。但不要盲目相信我的話，看看科學研究吧。過去四十年，心理學家和神經科學家透過多項研究發現，無論是慈善捐贈或是志工服務，回饋都會釋放催產素和腦內啡。這些激素是大腦在性交和健身時產生的物質。回饋還會釋放一種叫做抗利尿激素的神經化學物質，與愛情有關。事實上，光是思考或回憶慈善的時刻，就會觸發這些激素分泌。

社會科學家為這種現象取了一個名字：「助人快感」（helper's

high）。回饋的力量就是這麼強大，那是一種自然令人愉悅的藥物，具有高度成癮性。我現在都明白了。但在威斯康辛的週末之後的數年，我只是像個嗑嗨的癮君子般，追逐著催產素和腦內啡。

由於我們的合作，大學的研究人員和特殊奧運會的行政人員發現，舉重幾乎比所有運動都更能提升這些孩子的自信。影響之深遠，以至於他們希望我協助特殊奧運開發舉重賽事，同時釐清應該採用哪些舉重項目。我二話不說，抓住這個機會。我們決定從臥推和硬舉開始，因為它們是最簡單的動作，對於有平衡問題或協調缺陷的孩子來說風險最小。對參賽者跟觀眾而言，這兩項推動和舉起的重量最大，也因此最有趣。協助規劃之後，我與全美幾個城市的孩子們合作，然後正式成為國際特運健身教練。兩三年之內，舉重被納入美國地區特殊奧運的比賽項目，最終成為國際特殊奧運的重點項目，同時也成為最受選手和觀眾喜愛的項目。直至今日，我依然很享受為每屆特殊奧運的強壯男女選手加油。看到我的女兒和女婿也投身這一志業，成為全球大使，更令我無比自豪。

後來，由於我在特殊奧運付出的種種，布希總統請我執掌體能與運動競技總統委員會。那正是我最繁忙、行程最緊湊的時候。我一年拍攝兩部電影，參與隨之而來的國際宣傳。每部電影的片酬高達兩千萬美元，然而，透過為特殊奧運的孩子們加油得到的喜悅，超出任何一次走紅毯的感覺，也勝過任何一份鉅額酬勞。因此，能幫助更多孩子，包括國內某些弱勢學童，藉此複製那份喜悅，用膝蓋想也知道要接受。於是，我馬上答應，更承諾在整個任期內自掏腰包，用自己的飛機旅行，在巡迴全美五十個州期間，負擔每個人的食宿。

我在特殊奧運和體能與運動競技總統委員會的職責不斷擴大，占用很多閒餘時間，但沒有多到讓我停止尋覓更多回饋方式。我上癮了，無庸置疑。我和丹尼・赫南德斯之所以會在一九九二年共商大計，「助人快感」起了很大的作用。我也知道，內城運動會在往後幾年擴展到其他城市，最終發展為全國性的全年課後計劃，「助人快感」也功不可沒。

當回饋讓你上癮，就會發生這樣的事。就像染上毒癮，你不只想要更多，還想要更大。你想要幫助更多人，更頻繁幫助，在更多方面幫助。在我的例子裡，我最終為此放棄鉅額片酬，競選加州州長，拒收納稅人支付的薪水。接著，任期結束之後，我把精力轉移到南加大史瓦辛格機構和史瓦辛格氣候倡議。我們的目標是改革政治體制，讓政治人物把權力還給人民，並且終止汙染。這有可能幫助數億人，甚至數十億人。

我每天醒來都會思考這些問題，這麼做讓我的使命感滿溢。任何人都能得到這種感覺，只要你邁出回饋的第一步，讓腦內啡在血液裡流動。

粉碎那面玻璃

回顧造訪威斯康辛以來的四十多年，看到願景隨著我的優先順序演變，這個過程十分有趣。起初，我百分之百「以我為重」，願景焦點全在職業成就及個人名利。這個願景引導我的所有決策，助人的快樂在很大程度上也取決於義舉如何符合願景。然而，隨著時間推移，回饋成為我生活中更大的部分，我的衡量標準愈來愈偏向「以我們為重」。助人讓我快樂，不再是因為這麼做可以促進我的個人目標，而是因為它就是我的個人目標。助人不再是達成目的的手段，助人就是目的本身。

回饋成為生活焦點的念頭，在我就任體能與運動競技總統委員會之後不久逐漸穩固。關鍵在於我已故的岳父薩金特・施賴弗（Sargent Shriver）在耶魯大學畢業典禮上發表的演講。人稱薩吉的他心地善良、絕頂聰明、深思熟慮，帶人帶心的能力無人能及。他深切關心人民，並把錢財和時間花在自己宣揚的事情上。

薩吉創立和平工作團（Peace Corps）、啟蒙方案（Head Start）、美國志願者服務隊（VISTA）、就業團（Job Corps）、志上（Upward Bound）等諸多慈善組織，幫助美國和全球所獲服務不足的群體。他也身兼特殊奧運董事會主席，那是他的妻子，也就是我的岳母尤妮絲創立的。此外，尤妮絲也致力於支持智能障礙者。施賴弗夫婦的整個成年生活都在為人群服務，這麼說一點都不誇張。

薩金特在耶魯大學畢業典禮發表演講時，已經七十好幾。他見多識廣，經歷豐富，腦中滿是想跟下一代領袖分享的智慧，讓他們知道自己有能力將世界打造成理想中的模樣。但他也給出一席忠告。

「打破你的鏡子。」他說：「沒錯，就是要粉碎那面玻璃。在大家都只顧自己的社會中，開始少看自己，多看別人。多了解鄰居的臉孔，少了解自己的臉孔。當你活到三十、四十、五十，甚至七十歲，數算自己有多少朋友帶來的快樂和滿足，勝過數算自己有多少錢。改善自己的社區、城鎮、州、國家和人類同胞帶來的滿足感，勝過改善自己的肌肉、體態、汽車、房子或信用評級。當一個創造和平的人，勝過當一個戰士。打破你的鏡子吧！」

薩金特在一九九四年發表這篇演講，距今已將近三十年，但他的訊息仍一如既往切題。我相信，對於未來許多代的人來說，這些訊息也將同樣受用。我在說這些話的時候心知肚明，薩金特給的建議，通常來自於那些喜歡對拯救世界誇誇其談，卻在遊艇或門禁森嚴的夏季別墅中悠閒享受的上流菁英。

你可能暗自心想：「他說得容易。」

你要明白，薩金特的意思並非個人的雄心壯志不會帶來價值或幸福。雖然擁有肌肉並非世上最要緊的事，強健的身體對你有益，也是長壽的必要條件，薩金特深明此理。他知道，擁有一輛運作順暢的可靠車款，能讓你少一件擔心的事。他知道，擁有一幢大到足以容納全家，讓你感覺有家可歸的房子，是一份巨大驕傲的來源。

薩金特認為，回饋是更大滿足的源泉，部分原因在於回饋讓你用正確的視角看待個人的雄心壯志。我甚至會進一步說——而且是發自我的親身經驗——打破你的鏡子，照顧鏡子後面那些需要幫助的人們，不但是更大的幸福泉源，也會讓個人追求的事物變得更有意義，更為珍貴。

我知道這聽起來有點不著邊際，但擔任州長的我在火災期間親眼見證實際情況。每年六月到十月之間，我至少會親赴森林大火現場，探視消防員一次。他們在極度的高溫和高度危險之中，輪十二到十八小時的班，對抗快速蔓延的火勢，賣力拯救家園與人命。我看到他們因為在山谷間來回、砍伐樹木，以及挖掘防火道而筋疲力盡。當我詢問他們的感受，他們的謙虛跟他們的英勇不相上下。對我來說非比尋常的是，不只一次，我與當地消防員交談，發現他們在前線奮鬥的同時，自己的房子可能正被火舌吞噬。他們擁有的一切，他們珍視的物品，他們建立家庭的地方，隨時都可能被火焰燃盡。然而，這些消防員從未考慮過是否應該回去拯救自己的房子，堅守火線幫助鄰人。

不要叫他們打破鏡子，這樣的人打從一開始就沒有鏡子。他們始終關心他人，回饋和助人就是他們的行事風格。他們百分之百「以我們為重」。正是因為這樣，我從此把他們看作無私和犧牲的楷模。我認為，這些消防員值得所有人仰慕。沒有多少人能達到那種程度的無私，但我們當然可以朝這樣的目標努力。

就我個人而言，我能說自己現今的生活大多「以我們為重」，至於「以我為重」的部分，主要是為了賺錢來支持我在乎的「以我們為重」的事。舉個例子，我之所以能在二〇二〇年三月快速捐一百萬美元到急救人員基金，就是因為持續花時間追求個人目標。我很清楚，這樣我就會一直有錢可以回饋，幫助解決那些其實不在乎助人的政客們搞砸的緊急問題。

我分享這些故事，不是要叫你仿效我，或是消防員、突擊隊員、急救人員。我也沒有要求你化身羅賓漢或德蕾莎修女，放棄個人的雄心壯志與擁有的財產。我只是要你打破鏡子，為他人做出你力所能及的貢獻。我要你回饋，我要你傳播善意。我要你盡可能當個有用之人。我之所以這樣要求，跟我們之中任何人選擇回饋的原因相同：因為我們欠那些把我們帶到今日境地的人一份感恩；因為我們可以為下一代做上一代為我們做的事；因為這會讓世界變得更好；因為這將以意料之外的方式，讓你更快樂。

當你年紀夠大，也透過努力，讓最瘋狂的夢想成真，你會領悟一個道理：每個人都是相連的。我們共存於這個被稱為人生的地方。這不是零和博奕，遊戲可以有很多贏家。事實上，只要把回饋變成遊戲規則的一部分，就可以有無數贏家。當我們把回饋變成生活的一部分，當我們打破鏡子，看到玻璃後面所有需要幫助的人，就能讓每個人都受益。

無論你是老是少，無論你有多有少，無論你已經做了多少，或者還有多少要做，都沒關係。付出更多就會得到更多，絕無例外。想要自助？那就先助人吧。有了這樣的出發點，你將成為對家庭、朋友、社區、國家，以及對世界最有用的自己。

謝辭

閱讀馬可・奧理略（Marcus Aurelius）的《沉思錄》（*Meditations*）時，我深感訝異。這本書是兩千年前的日記，開篇竟然是一份名單，列舉馬可人生中幫助過他或傳授他珍貴知識的人。沒什麼比這更強而有力，更能提醒自己並非「自力更生」。

撰寫本書的過程中，關於前述所有故事中核心人物的回憶湧現。我決定，與其寫一段傳統的謝辭，不如以馬可・奧理略開啟一本書的方式來結束，感覺更有用。

等你讀完這本書，你也應該列出自己的名單，這會讓你保持謙卑。當你需要建議、幫助或靈感，這份名單也能成為有用的參考。

我從父親身上學到紀律，以及無論如何都要「有用」的重要性。我從母親身上學到關於愛和犧牲的道理。

卡爾．格斯特爾（Karl Gerstl）和克特．馬努爾教我怎麼舉重。哈洛德．穆羅（Harold Maurer）鍛鍊我。

史蒂夫．李維斯和雷格．帕克為健美選手成為電影明星鋪路，並給了我藍圖。

克林．伊斯威特是我崇拜的電影偶像，後來成為親近的朋友。

佛雷迪．格斯特爾打開我的思維，把我與生俱來的好奇心精煉成提出好問題的技能。

法蘭柯．哥倫布是我的摯友兼知己，超過五十年的患難兄弟，也是我的訓練夥伴。他跟戴夫．德拉珀和艾德．科尼等其他訓練夥伴一起驅策我舉更重，走更遠，變更壯。

阿爾伯特．布斯克（Albert Busek）是最早看出我潛力的健美雜誌作家之一。他宣告健美界進入「史瓦辛格時代」，並為我拍攝一些最好，而且最早的照片——這些照片引起某個人的關注。

那個人就是喬・韋德，他為我支付赴美的費用，給了我溫暖棲身之地。他是完美的推銷者，而且非常善於打造品牌。我從他身上學到很多。

法蘭克・贊恩和瑟吉歐・奧利瓦（Sergio Oliva）藉由狠狠打趴我，來激勵我踏入新的境界。他們也成了我的朋友，大方分享他們的訓練知識，儘管我們是競爭對手。

奧爾加・阿薩德（Olga Assad）教我如何投資房地產。

在我的電影生涯中，席維斯・史特龍（Sylvester Stallone）以不可思議的才華啟發我，成了我在好萊塢崛起所需的競爭對手，接著又成了可以跟我在電話中天南地北聊天的親密友人。

約翰・米利厄斯、詹姆斯・卡麥隆和艾凡・瑞特曼以各自的方式在我身上賭一把，讓我向他們展示我有能力應對挑戰，勝任主流電影明星和領銜主演。

薩金特和尤妮斯．施賴弗是我在回饋方面的榜樣。

喬治．H．W．布希總統是我的導師，他教我如何把回報國家恩情的興趣，轉化為真正的公共服務。

納爾遜．曼德拉幫助我充分理解種族主義、偏見的恐怖，還有寬恕的力量。

穆罕默德．阿里讓我看見毅力和堅韌的真正模樣，以及堅守原則需要付出的代價。

米哈伊爾．戈巴契夫讓我打開眼界，看見地緣政治體系的真實運作，以及為多數人做正確的事如此艱難的原因。

多年的良師益友詹姆斯．洛里默教了我許多，那些內容可以自成一本書。但令我永誌不忘的是，他跟我一起支持阿諾體育節，還有，當我考慮是否競選州長，他是唯一明確表示我應該邁出這一步的聲音。他說我已經準備好了，給了我很大的信心。

所有課後全明星以及我看過、合作過的特殊奧運選手都是活生生的提示。人生有些事可能一開始不如所願，但這並非停止嘗試、停止奮鬥，或不為自己擁有的事物心懷感恩的藉口。

我的人生中，有幸得到一位偉大女性的愛。數十年來，瑪麗亞一直在我的身邊，支持我的每一個決定。直至今日，她仍是孩子們的最棒母親。過去十年，希瑟（Heather）一直是我的夥伴和知己，無論高峰或低谷都與我同在，而且每年都為我們的動物家族增添新成員。

我的孩子們在各個年齡階段，都在必要時刻讓我學習謙卑。他們也激勵我，竭盡所能建設一個在我離去很久之後依然美好的世界。在這方面，我也一樣感謝加州的選民。

最後，同樣不可或缺的是我的團隊。那些多年來在我身邊集結，在我人生眾多階段陪伴我的男性和女性，包括最近為了撰寫這本書和製作我的 Netflix 紀錄片而加入的人。你們讓我保持警醒，助我發光發熱，讓我變得更聰明。最重要的是，無論我們多拚命工作，現場總是笑聲不斷。

我可以繼續列舉那些助我實現夢想，創造多年前誕生於奧地利的夢想生活的人，名單無窮無盡。但我想，寫到這裡，你已經抓得到重點了。

國家圖書館出版品預行編目資料

有用之人：阿諾史瓦辛格改變命運、養成不敗意志的人生 7 律 / 阿諾 · 史瓦辛格（Arnold Schwarzenegger）著；蔡世偉譯. -- 臺北市：三采文化股份有限公司，2024.04
面；　公分. --（Mind Map；265）
譯自：Be Useful：Seven Tools for Life
ISBN 978-626-358-296-5（精裝）

1.CST: 成功法 2.CST: 自我實現

177.2　　113000992

suncolor 三采文化

Mind Map 265
有用之人
阿諾史瓦辛格改變命運、養成不敗意志的人生 7 律

作者｜阿諾 · 史瓦辛格 Arnold Schwarzenegger　譯者｜蔡世偉
編輯三部 副總編輯｜喬郁珊　責任編輯｜吳佳錡　校對｜黃薇霓
美術主編｜藍秀婷　封面設計｜李蕙雲　版型設計｜方曉君　內頁編排｜顏麟驊
行銷協理｜張育珊　行銷企劃主任｜陳穎姿　版權副理｜杜曉涵

發行人｜張輝明　總編輯長｜曾雅青　發行所｜三采文化股份有限公司
地址｜台北市內湖區瑞光路 513 巷 33 號 8 樓
傳訊｜TEL：（02）8797-1234　FAX：（02）8797-1688　網址｜www.suncolor.com.tw
郵政劃撥｜帳號：14319060　戶名：三采文化股份有限公司
本版發行｜2024 年 4 月 26 日　定價｜NT$520